相手を巻き込む伝え方

鵜川洋明
Hiroaki Ukawa

フォレスト出版

はじめに
――本当は〝伝えたいこと〟がたくさんあるのに　うまく伝えられないあなたに

まず、この本を手に取っていただいたあなたに心からの感謝をお伝えしたいと思います。
きっとご自身の提案力をもっと高めたい、また苦手意識を克服したいという思いからこの本を手にしていただいたのだと思います。

そんな思いに少なからず応えられることがあると感じ、私はこの本を書きました。

私は大学を卒業してから17年間、23歳から39歳まで企業勤めをしていました。
この本は私が28歳のとき、35歳のとき、そして38歳のときに出合いたかった本です。

28歳のとき、私は社内でレストラン・カフェ事業を立ち上げようとして、実現しませんでした。自分の提案を周囲に伝えても、「いいね」とはなっても、「じゃあ、やろう!」とはなりませんでした。

35歳のとき、役職を3つくらい兼務していました。周囲の期待に必死に応えようとし、でも同時に自分が本当にやりたいことを見失い、疲弊しながら、「俺の人生、本当にこのままでいいのだろうか？」と悩み、答えが出ず悶々としていました。もちろん、仕事の中でさまざまな提案もしていましたが、そこにワクワク感をほとんど感じられていませんでした。

38歳のとき、社内の新規ビジネス創出のコンテストがあり、自分の発案を応募しました。最終プレゼンまで残りましたが、結果グランプリにはならず、実現できませんでした。自分が提案したことを、逆風の中でも、本気で実現しようと動くだけの勇気が足りませんでした

そして、そんな経験を経て、今から6年前、40歳になる直前に起業しました。

私の仕事は、1人でも多くの人、1つでも多くの組織が、「ビジョナリー・ワーク」を

することができるように、コーチングしたり、ワークショップ型の研修を提供したり、コンサルティングをしたりすることです。

ビジョナリー・ワークとは私が創った言葉です。「それをする意味を感じ、誰かの喜びや何かがよくなることにつながるイメージがあり、自分の持ち味を活かして貢献できる感覚がある」そんな仕事・活動のことです。

起業してからの6年間で約5000人くらいの方に提供してきました。その相手は経営者、企業で働く方、独立・起業を考える方、個人事業主、プロアスリート、NPOで活動される方などなどさまざまです。

私が行っている中で、特に反響の大きいものの1つに「ビジョナリー・プレゼンテーション」という研修プログラムがあります。ビジョンを描いて語り、人が動きたくなるような提案力を磨き、高めるプログラムです。

それは、私にとって、とても楽しい仕事です。やる意味を強く感じ、それを身につけた人がハッピーになったり、ひいては世の中もよくなることにつながるイメージが湧いてくる、やりがいのある仕事です。

提案とは、「自分も相手もそれをしたくなる（ほしくなる）物語をつくること」だと私は思っています。まだない何かを想像して、そこに意味を見出し、自分も相手もそれをしたくなる（ほしくなる）物語をつくるのは、とてもクリエイティブでワクワクしてくる楽しいことです。もちろん、私自身もいろいろな場面で提案をしますが、何を提案するかを考え、相手とその考えを分かち合うのが本当に楽しいです。

イメージをするなら、子どもの頃になんだかよくわからない遊びを考えだして、〝この指とまれ〟で友だちを巻き込んでやるような、または秘密基地で作戦会議をしながら興奮がとまらなくなるような、あんな感じです。（ってわかりますか？（笑））

この本の目的は、あなたに「提案する」ことの本来の楽しさを思い出してもらうこと。そして、あなたの提案が、「自分も相手もそれをしたくなる（ほしくなる）物語」になるような観点と方法を身につけてもらうことです。

あなたの提案が「面白い！」「ユニーク！」「発想が豊か！」「あなたらしいよね！」と言われたり、「よく練られているね！」「よく考えてくれている」「目からウロコだよ！」と言われるようになり、「それをやりたい！」「ぜひそれやろうよ！」という反応を周りから引き出せるようになることです。

私自身が、提案が「楽しくてしょうがない今」と「苦しくて苦手だった昔」の両方を知っているからこそ、このテーマを皆さんにお伝えできると思っています。

起業、転職、新規提案、新しい企画など、新しい何かを創り出し、現状を変えたいと願うすべての人が、自分の提案を、「自分も相手もそれをしたくなる（ほしくなる）物語」に変えるためのきっかけを、この本の中からたくさん発見してくれることを願っています。

目次

第1章〈着想〉提案は3つの意味を重ねること

第2章 〈構成〉提案を「物語」にする4つの「型」

第3章 〈表現〉提案の「解像度」を上げる物語の5要素

第4章　〈解放〉「提案」を楽しむ心の状態をつくる

プロデュース&編集　貝瀬裕一（MXエンジニアリング）
ブックデザイン　bookwall
本文イラスト　トツカケイスケ
本文DTP&図版制作　津久井直美

プロローグ

なぜ今「提案力」が必要なのか?

ストーリー&本編に入る前に、本書でいう「提案」の前提をもう少し皆さんにお伝えしたいと思っています。

本書における「提案」とは、「新しい何かを創り出し、現状を変える」ためにとる行動というイメージです。

新しいテクノロジーの出現、世の中の価値観の変化、それにともない、今いる組織や、ご自身が変化を迫られているという方も多いと思います。自分自身が今の現状に対して十分なやりがいや意味を感じられず、それゆえ何かを変えたいという方もまた多いのではないでしょうか。

現状を変えるためには、今とは違う何かを生み出していく必要があります。「新しい環境に進む」「新しい商品やサービスを創出する」「新しいやり方・働き方を考える」「新しい仕組みをつくる」など。

そのためには、周囲を巻き込み、形にしていくための「提案」が不可欠になってきます。

また、「誰かから何かを求められる」ことを基点に仕事をするという場合でも（多くの方がこちらの場合のほうが多いかもしれませんが）、ただそれに応えるだけの人と、そこからより深いニーズを探り、よりいいものを生み出そうとする人とでは、大きな違いが生まれるのは言うまでもありません。

変化のスピードが驚くほど速い現代では、精緻に準備して必要と思われることをすべてそろえたうえで提案するのではなく、〝不十分でもやる〟という感覚が必要です。予測が困難で、精緻な分析から合理的な解を見出すのが難しい中でも「それをする意味がある」ことを伝え、周囲を巻き込み動くためには何が必要なのか？

本書では、その観点と方法を紹介していきます。

自らが、進んで「新しい何かを創り出し、現状を変える」にしても、あるいは、誰かから何かを求められることをきっかけに「新しい何かを創り出し、現状を変える」にしても、これから本書の中で語る提案の観点と方法は、きっと役に立つと思います。

提案には構造がある

提案には構造があります。

大別すると、「構想する」フェーズと、「伝える」フェーズがあり、また「構想する」フェーズには、何を伝えるかを「着想」することと、伝える内容を「構成」するという2つの観点があります。

ちなみに、「構想力」という言葉を辞書で調べると、「①考えを組み立てる力」「②想像力」という2つの意味があることがわかります。着想は想像力と、構成は考えを組み立てる力と結びついています。

構想したものが、相手の心に響くか否かは、「どう伝えるか?」という「表現力」にかかってきます。そして、この構想と表現を楽しめるか否かは、自分自身の「心の状態」が大きく影響してきます。

「提案する」ことに苦手意識を持っている人、うまく提案ができないと悩む人は、自分はどこが弱いんだろうと確認してみてください。

着想・構成・表現・心の状態のそれぞれに、あなたが苦手意識を解消し、「提案するのが楽しくてしょうがない！」となるためのカギがあります。伝えたい思いが魅力的な構想になり、聞いている相手が「なるほど！　面白い！」「よくわかる！」となるためのカギです。

着想のカギは「意味」です。「自分は何に意味を感じるのか？」「相手は何に意味を感じるのか？」「世の中にとって意味あることとは何か？」、そして変化の中で「新しい意味をどのようにつくるのか？」を考えることです。まさに予測困難でも材料が不十分でもやるためのカギでもあります。

提案の構造

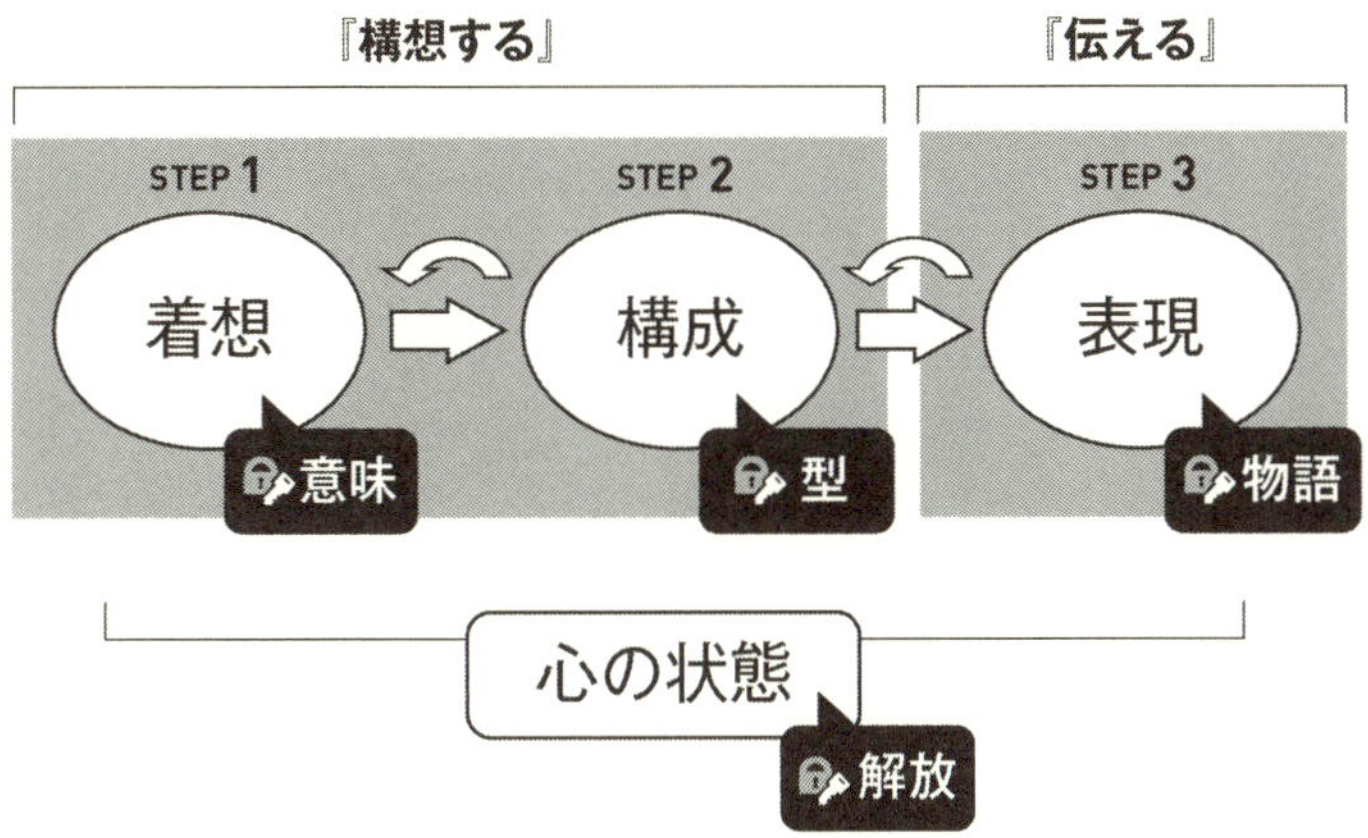

構成のカギは「型」です。「不十分でもやる」といってもさすがに思いだけではなかなか動けません。思いついたイメージにロジックを与え、思いを相手に伝わる形に整理をし、かつ方向性を見失わずに話を広げていけるようになる。そんな「型」です。

表現のカギは「物語」です。何をどう伝えるかによって、同じこともまったく違う話にすら思えることもあります。ここでお伝えするのは人の感情を動かし、記憶に残る物語の要素を活かして表現していくというアプローチです。

そして、心の状態のカギは「解放」です。自分を制限し、縛るものから解放され、怖さや嫌いを克服し、楽しくなるための、意識の持ち方であり、整え方です。

本書のストーリーの中で主人公たちは「新規事業をつくる」というテーマで提案力を磨いていきます。しかし、本書でお伝えする内容は、新規事業づくりに限らず、新しい何かを創り出し現状を変えたいと願うすべての人の役に立つものです。

ぜひ、ご自身が置かれたシチュエーション（起業、転職、チームづくり、提案営業など）に重ねながら、本書に出てくる観点や方法を活かしてみてください。

第1章

〈着想〉提案は3つの意味を重ねること

STORY

01 ◆ 酷評

〈2月中旬〉

「船本くんには、次世代に向けた新規ビジネス創出プロジェクトに加わってもらいたい。今の担当業務との並行という形にはなるが、そこにも新しいビジネスの芽となるヒントはたくさんあるはずだ。期待しているよ」

そんな内示を本部長からもらったのは1週間前の午後のことだった。

どうやら、ビジネスソリューション本部内で、新規ビジネス創出を目的としたプロジェクトが発足し、12名のメンバーが選抜されたようだ。

本部長の藤崎さんは、昨年末に僕らの本部に着任した。彼は、「今うちの会社はその意識も行動も大きく変わらなければならない」ということを言っていて、やや強引なところはあるが、その洞察力や人を巻き込む力が抜群だと、社内では評判の人物だった。

このプロジェクトは、藤崎さんが年頭に「今年最も力を入れたいプロジェクト」と話していたもので、どういうわけか、そのメンバーに僕も選ばれたのだ。

プロジェクトは3名1チームになっており、僕はチームBで残りのメンバー2人は知った顔だった。

チームB
・今村多花世《いまむらたかよ》
・熱美一郎《あつみいちろう》
・船本創太《ふなもとそうた》

今日は、このメンバーでの初ミーティングだ。それぞれが考える新規事業案を出し合いながらブレストをしようと話していた。

しばらくすると、賑やかな声とともに2人が部屋に入って来た。

「あ～ここだここだ。ごめんなさい～！　前の打ち合わせが長引いちゃって」

そう言いながらまず入ってきたのは今村多花世。僕の2つ下の後輩で、多花世と呼んでいる。一時期同じクライアントを担当したこともあった。彼女はとても優秀で頭もいい。正義感が強くちょっと勝気な性格だが、後輩ながら僕にとって尊敬できる人間の1人だ。

「わりい、わりい、待たせたな」

続いて入って来たのは、熱美一郎。2つ上の先輩で、まさに名は体を表すという言葉の通りの熱血漢。僕が言うのもなんだが素直で前向き、考えるより行動が先というタイプ。面倒見がよく人望は厚い。

「じゃあさっそく、私たちの新規事業提案を何にするのか、それぞれの考えを出し合ってみましょうよ」多花世は相変わらずちゃきちゃきと話を進めていく。

「まず、有望な分野としては……」「外せないテクノロジーとしては……」多花世は次々と自分の考えを話していく。

熱美先輩も「マーケットサイズはどうなんだ？」「それは有望そうかも！」などと呼応しながらどんどん話が展開していく。僕はちょっと圧倒されていた。

「創太さんはどう？」

「えっ、あっうん、どれも有望な分野だと思うし、発展していく可能性はあるよね」と僕は答えた。

「でしょ！　けっこういい線いってると思うのよね」と多花世は満足そうな顔で応じた。

それから、僕らはさらに話を続け、より有望そうな分野に絞り込み、必要なデータを集め、構想を整理していった。

〈3月中旬〉

1カ月後、プロジェクト発足後最初の本部長報告の日がやってきた。

今回のメインプレゼンターは多花世が務め、僕と熱美先輩は時折補足しながらサポートをした。これから成長の見込まれる分野、下調べも十分、そしてロジカルに語る多花世を頼もしく思いながら、僕らは約15分の報告を終えて本部長のコメントを待った。

プレゼンを聞き終わると、藤崎本部長はまず開口一番僕らにこう尋ねた。

「それで君たちは、この案をどのくらいやりたいと思っているんだ?」

僕ら3人は一瞬何を聞かれているのかわからなかった。しばらく僕らの反応を見た本部長は言葉を続けた。

「もしこの案を却下されたら、会社を離れてでもやりたいと思えるか？」
「そして、このビジネスによって喜ぶ人、助かる人は誰だ？」

さらに問いかけは続く。その間わずか1～2分だったと思うが、僕らにはその何倍もの時間にも感じられた。

「この提案は実現するイメージがまったく見えてこない。もう1度、一から考え直せ」

質問にとまどう僕らに、藤崎本部長はそう言い残して、最初の報告会は終わった。

僕らは途方にくれていた。多少は厳しい指摘があるのではと予想していたが、ここまで酷評されるとは思ってもいなかった。いや、正しく言えば僕らが想定していたこととはまったく違う観点からの指摘に、何をどう考えればいいのかわからなくなってしまっていた。

データの真偽や、マーケットの可能性、トレンドの動向などを、僕らが指摘されるかもしれないと予想していたことを本部長は一切指摘しなかった。

終始聞かれたのは「なぜそれをやりたいか?」「どのくらいやりたいか?」「そのビジネスは何をもたらすのか?」「何をもたらしたいのか?」そういうことだった。

そんな途方にくれている僕らに、坂本先輩が声をかけてくれた。坂本先輩は今新規開拓を担当している。背はスラっと高く、長めの髪を束ね、颯爽とした雰囲気だが、物腰や口調は柔らかく、言動はいつもシャープで的確で人望も厚い先輩だ。

「どうしたの暗い顔して?」

僕らは、報告会のことをひとしきり話した。

「そうか、なるほどね。前の私みたい(笑)」

「えーっ!?」と僕らは3人とも驚いた。

「私ね、前の部署でも藤崎本部長のもとで仕事していたの」そういえば確か坂本さんは本部長の着任と同時に異動してきたんだ。

「藤崎本部長と出会う前の私って、とにかく成果をあげたい、認められたいという一心で、〝とにかく周りの期待にいかに応えるか？〟〝ほかの人よりもいかに抜きん出るか？〟ってそればっかり考えていたわ」

「えっ、坂本さんってそんな感じだったんですか？　全然そうは見えないけど……」と僕が言うと、彼女は笑った。

「数字のプレッシャーもきつかったし、クライアントの要望も次から次へと来て、でもそれに応えることで充実感はあったわ。あるところまでは、それで通用したんだけど、でも全然成果が出なくなってきてね。それでも必死で応えようとして疲れ切っているのに、止まったら見捨てられるみたいに思って、止まれなかった……。本当にあの頃の私はボロボロだった」

「そうだったんですね……。なんかその感覚少しわかります」と多花世が言うと、その言葉を受け止めるように坂本先輩は小さくうなずいた。

「そんなときに藤崎本部長が私のいた部署に着任したの。最初の面談で言われたひと言は今でも覚えているわ。〝君は今仕事をしていて楽しいか？〟って。仕事を楽しむなんて発想はそれまでの私の中にはまったくなかったんだけど、そのひと言が私を変えたきっかけになったのよね。なんか、あなたたちの話を聞いて、その頃のこと思い出したわ。そうだ、あなたたちこの人に1度会ってみたら？」

そう言って坂本先輩は1枚の名刺を見せてくれた。以前、先輩が受けた研修プログラムの講師をしていた方で、さまざまな企業や個人に向けて起業やビジネスプロデュースなどをしている方らしい。

「私が変わるきっかけをくれた人でもあるの。うちの会社でもよく研修とかやってくれたりもするので、見かけたことがあるかもしれないわね。きっと何かヒントを得られると思うわよ。私からも連絡を入れておくわ」

〈3月下旬〉

1週間後、僕らは代々木公園近くのとあるオフィスに来ていた。といってもまるでカフェのような場所で、とてもオフィスとは思えないような場所だったが……。

「あっ、こんにちは。先日アポイントをお願いしたフジテックの船本です」

「あ〜、どうもどうも、入って来て〜」部屋の奥から声が返ってきた。

部屋に入ると、デニムシャツのカジュアルな雰囲気の男性が、テーブルの書類を整理していた。年齢は40歳前後くらいに見える。短めの髪に軽くあごひげをはやし長身で、一瞬気圧される感じもあったが、柔らかい笑顔にふっと心がゆるんだ。

「お〜ようこそ！　さかもっちゃんから話を聞いてるよ。よく来たね。どうぞどうぞ」

「えっ（さかもっちゃんって……）」

妙に馴れ馴れしい態度に僕らはとまどった。

「伊川と言います。よろしく〜」

「あっ、よろしくお願いします」

僕ら3人はそのゆるさが気にかかりつつも、挨拶と名刺交換を済ませ、うながされるままテーブルに座った。

「コーヒーでもいれようか？」

「あっ、おかまいなく」

「いや、かまってないよ（笑）　自分が飲みたいからどうせなら一緒にと思ってね」

多花世と熱美先輩の2人はまだ少し違和感を感じているようだったが、僕はその包み込むような力の抜けた雰囲気になぜだか心地よさも感じていた。

「さあ、それで今日はどんな話だっけ？」

互いの簡単な自己紹介のあと、伊川さんにうながされて、先日本部長にプレゼンをして酷評されたこと、そのあと途方にくれたことを話し、そのときのプランも説明した。

「うんうん、なるほどね～、そうかそうか」とうなずきながら、伊川さんはひとしきり聞いてくれた。

「それで、君たちは本部長の問いかけに、どうしたらよいのかわからなくなったというわけか。うんうん、君たちはラッキーだね～。ところでさ、君たちはなんのために仕事をしているの？」

「へっ？」僕は突然の問いに思わず変な声を出してしまった。

「仕事を通じてさ、何を創り出せたら本望だと思ってる？」

混乱していた。何がラッキーなのかもわからなければ、〝本望は？〟なんて突然聞かれてもわからない。そもそも与えられた役割があってそれをこなすのにいっぱいいっぱいで、そんなこと考えている余裕もないし……。そんなことが心の中でぐるぐるして、答えに窮してしまった。横を見ると多花世は何か深く考え込んでいるような表情をし、熱美先輩は困惑しているように見えた。

しばらく沈黙の時間が続いたあと、口を開いたのは多花世だった。

「私……、本当に困っている人の役に立ちたいかも」

「うん、もう少し詳しく聞かせて」と伊川さんは柔らかく問いかけた。

「私、学生時代に途上国支援のボランティアをしていたんです。そのとき一緒に参加していた社会人の方がいて、その方がこんな風に言っていたんです。〝いつかこの国の子どもたちが食っていくための仕事ではなく、自分の才能を誰かの喜びとか世の中がよくなることに活かせる仕事ができるような社会をつくりたいと思ってる〟って。その方は農業機械のメーカーに勤めていて、〝いつか自分の仕事で彼らの負担を軽くして、もっといろんなことができる余裕を生み出せたらと思っているんだ〟って語っていたんです」多花世はその頃を思い出しながら懐かしそうに言った。

「そっか、それで？」と伊川さんは優しく先をうながす。

「その姿を見てね、カッコイイな〜って思って。SDGs（持続可能な開発目標）ってあるでしょ。私、さっき伊川さんに訊かれて、このことを思い出して、自分の仕事を通じてSDGsの達成につながるようなことをやりたいって思ったの。本当に困っている人が喜んでいる姿や、自分のやっていることが未来の子どもたちの役に立っている実感を感じられたら、本望だなって」

伊川さんは、多花世がひとしきり話すのをすごくうれしそうな顔をして聞いていた。

「多花世ちゃん、いいね〜。もしそれが実現できたらどんな気持ちになれそう？」

「本当にうれしいし、自分を誇りに思えると思う。すごく意味あることができているって」

「そっか。うれしくて、誇りに思えて、意味があるって思える感じか〜」

「そう、そうなんです！」

多花世がこんな思いを持っているなんて。でも多花世らしいといえば多花世らしい。何よりこんないい顔をして話している多花世を久しぶりに見て僕はうれしくなった。

「今、多花世ちゃんが話しているのを聞いて、２人はどう感じた？」

そう問われて改めて僕は、何か引き込まれるような熱いものを感じていた自分に気がつい

た。

「なんかちょっと心が熱くなるような、引き込まれるような感じがしました」僕はそう答えた。熱美先輩も同じだった。

「人はね、自分がやろうとしていることに意味を感じると、すごく強いエネルギーが湧いてくるんだ。インサイドアウト、つまり自分自身の内から湧き上がる思いを起点にしたときにそれは生まれる」

「インサイドアウト？」と多花世が伊川さんの言葉を繰り返した。

「そう、インサイドアウト。そしてそれを聞いた相手もまた、そのことに意味を感じるとまるで自分ごとのようになる。意味とは簡単に言えば〝それをやりたい！〟と思える理由ということかな」

「でも、そういうことってビジネスの上では、あまり出すものではないんじゃないですか？」

「多花世ちゃん、なんでそう思うの？」

「今まで、自分がどう思うかより、客観性とか、合理性みたいなものが大事ってずっと言われてきました。新人の頃はよく提案していたけど、そのたびに〝お前の私見はいいから、市場性や採算性は？　データは？〟と言われて、いつしか自分の考えを言うことはタブーみたいに思っちゃって……」多花世のその言葉に僕も熱美先輩も同じことを感じていた。

「そっか。多花世ちゃん、確かに市場性や採算性、データも大事な要素だよ。それを重視してより客観的に合理的に市場性のある分野に注力していくというのが今までのビジネスの定石だよね。でもね、今はそれでは価値が生み出しにくくなっているんだ」

伊川さんは、僕らの反応を確かめるように少し間をとって、そして言葉を続けた。

「客観性や合理性の追求っていうのは、誰が考えても同じようなものが生み出されてしまうということでもあるんだ。さらに、ＩＴテクノロジーの進化は〝モノ〟や〝サービス〟の同質化、つまり、誰でも同等のレベルを提供できるような状況も生んでいるのは君たちも感じているよね。そのスタンスで物事を考えても、〝どこかの誰かがやっている何か〟なんだよ。そうすると、あとは納期や品質、コストなどを競う〝体力勝負〟みたいな世界になっていく」

確かにその傾向は僕らも感じていた。だからこそ、よりクオリティを高めて、スピーディーに、コスト優位性をどう出すかというプレッシャーもどんどん大きくなっている。

「でも一方で、ほかにはない価値を生み出し、新しい何かを創り出す人や企業もある。そういう人たちの発想を見て共通して感じるのは〝自分の思い〟つまりインサイドアウトを起点にしていることがとても多いということなんだ。自分自身が〝それをしたい〟〝それならやる意味がある〟という強いモチベーションから、〝その実現にはどんな意味があるのだろう？〟〝何を変化させ、誰を幸せにすることができるだろう？〟と深く問うことで、今までとは違う切り口が創造されていく」

「でも、それって周りの人には理解されづらいんじゃないですか？」と多花世が返した。

「多花世ちゃん、だから新しいんだよ。確かに最初は周りの人には理解されづらいかもしれない。客観性や合理性には欠けていたり、根拠があいまいだったりするからね。だからこそ、自分がそれをする意味があると強く思えるモチベーションが大事になる。でも、そこに意味を感じられたとき、少数だがそこに賛同してくれたり、共感してくれる人が現れる。そうして新しい観点や方法が生まれていくんだ。話を聞く限り、君らの本部長はそのことを理解している人のように感じるよ。だから、君らはラッキーなんだ」

この伊川さんの言葉に、僕ら3人はうなずいた。

「あと大事なのはね、それを楽しむことだよ。周りが理解していないってことは、〝これは独自性があるぞ〟と思いながらワクワクしながらやるぐらいの感覚が大事。楽しむことは何かを生み出そうというクリエイティビティの源になるからね」

今まで、あまり深く考えもしなかった。どこか周囲の望む形に合わせるというか、こういうものだという慣習のようなもので動いていたかもしれない。

「まずは〝自分たちがやる意味を感じられることは何か？〟というところからもう1度考え

てごらん」

「自分たちがやる意味を感じられることか……」と僕はつぶやいた。

「自分がそれをやる意味を感じているからといって相手に響くとは限らない。でもね、自分が意味を感じていないものは、相手には絶対に響かないんだよ。3人で、いろいろ話してごらん。そして〝これだ！〟っていうものが見つかったらまた話を聞かせてくれるかな？」

「はい、わかりました。いろいろ考えてみます」と僕らは答えた。

「あっ、そうそれから、別に新規事業案に限らず、誰かに何かを提案するときに、ぜひその意味、相手にとってその提案はどういう意味を持つのかということを自分なりに考えてから伝えるようにしてごらん。そうすると説得力がぜんぜん変わってくるから」

「相手にとっての意味ですか？」と熱美先輩が聞き返した。

「人はね、何かを求められると、すぐ〝どう応えよう?〟〝何をしよう?〟と表面的に考えてしまうんだ。でもすぐにそう考えるのではなく、〝なぜそれを求めるのか?〟と深く問うてみるんだ。〝相手はどんな価値観を持っていて、何を大事にしているのか?〟〝本当の問題は何か?〟〝どういう状態が理想なのか?〟そういったところから相手が真に望む状態を、今までのやり方に捉われず考えてみるんだ」

「う〜ん……、難しそうですね。でも考えてみます。ただ正直まだピンときていないところもあって……。また相談に乗ってもらってもいいですか?」と熱美先輩が言うと、伊川さんは笑顔でうなずいた。

「ああもちろん。まあなかなか難しいかもしれないけど意識してごらん。わからないことがあったら、いつでも気軽に聞いて。忙しかったらメールでもZOOMでもいいから」

「ありがとうございます!」そう言って僕らは伊川さんとのミーティングを終え、オフィスをあとにした。

〈4月下旬〉

今日は、多花世と熱美先輩とのチームミーティングの日だった。僕は前回のミーティングのあと、伊川さんから手渡されたメモを見返しながら、この1カ月を振り返っていた。

あれから僕らはいろいろと話し合った。でもその話し合いは、あきらかに本部長に提案する前の話し合いとは違った。

この間、何度か伊川さんにも相談させてもらった。伊川さんは「〝意味を考える〟とはどういうことなのか？」についての大事な観点などもいろいろと教えてくれた。

僕らは互いに、「仕事を通じて何が実現できたら本望だと思うか？」「どんなことを実現したいと思うのか？」「何を大事にしているのか？」そんなことをたくさん話した。

今まで、仕事というのは「自分がどうしたいか」ではなく、「求められることにいかに応えられるか」が大事だと思っていた。もちろんそれは大事なことではあるのだが、そこに自分が意味を感じ、「どうしても実現したい！」という強い思いが湧くかといえば、それはあまりなかった。

でも、自分がその実現に意味を感じることができると、それをなんとか形にしたいという意欲が強く湧いてきて、「もっと知りたい」「もっと行動したい」という気持ちが自然と出てくることに気がついた。

またこの間、僕らには面白い変化も起きた。それはそれぞれが、自分の担当クライアントに向けて提案するときに、それをする意味を考えるようになったことだ。

「その提案によってどんな状態が生まれたら素晴らしいと思うのか？」相手がオーダーしていないことだったとしても相手の真意を考え、「もしこの提案をしたら〝意味がある〟と感じてくれるだろうか？」そんなスタンスで提案をするようになった。

するとクライアントの反応が変わってきたのだ。

伊川メモ

★この順番で考えてみよう

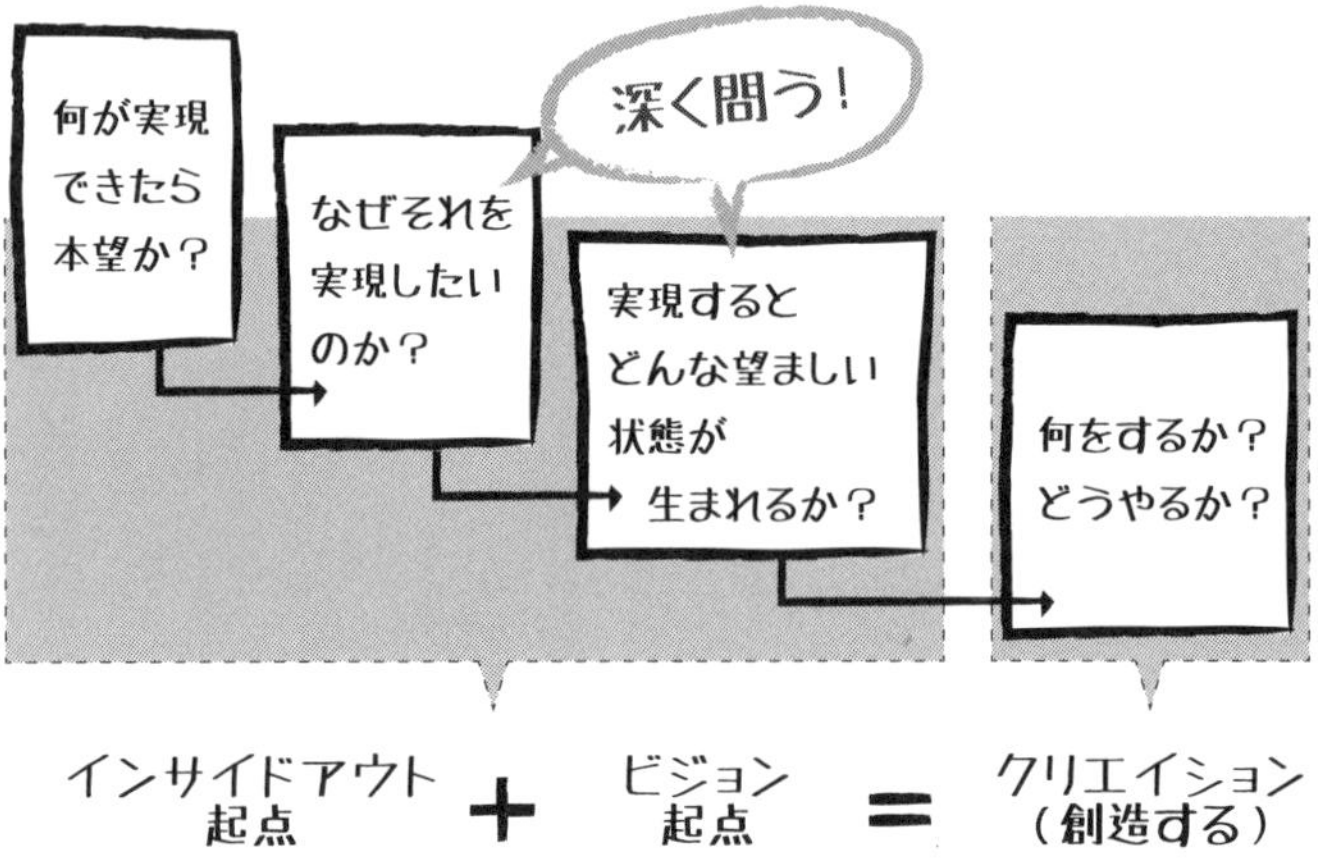

※What（何をするか？）とHow（どうやるか？）の前にWhy（なんのために）を考えること！

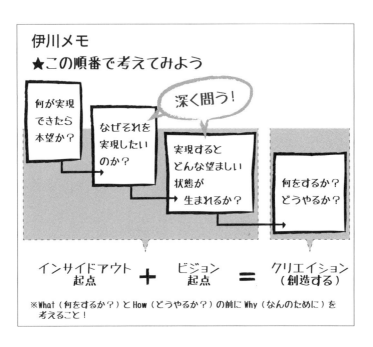

「それを上司にも聞かせたい」と、今まで会えなかった上層部の方に引き合わせてくれたり、新しい展開について意見を求められたり、相談されたりするようになった。

これは明らかに今までと違う反応だった。熱美先輩も、多花世も、そして僕もクライアントからいくつかの新規提案を求められていた。それが実を結べばそれはとても大きな成果になりそうだった。

まあ、そのおかげで、このプロジェクトとの並行作業がさらに忙しくなったのだが（笑）。

そんなことを考えていたら、多花世がミーティングルームに入って来た。

「あっ創太さん、早いですね！　いつからいたんですか？　熱美先輩、少し遅れるので先に始めていてくださいって」

「そうか、打ち合わせ？」

「いや、なんかご家族の通院に付き合っているみたいで。本人はあまり言いたがらないみたいなんだけど、熱美先輩のお子さんって心臓に持病があるらしいの。この前坂本先輩と話していたときに聞いて。創太さん知ってました？」

「えっ、それは知らなかった……。熱美先輩のお子さんってまだ小さいよね。たしか5歳くらいだったと思うけど」

「そうよね。何か協力できることがあればしたいけど……。でも、本人が言い出さないことをこちらから言うのもなんかはばかられる感じもするしね」

「まあ、確かに……」

僕と多花世がそんな話をしていると、まもなく熱美先輩も合流した。

「すまんすまん、ちょっと私用で遅くなった。もう話は進んでる感じ？」

「いや、まだ本題には入ってません……」

「なんだ、そうだったのか？　じゃあさっそく始めよう。今日はそろそろオレたちの事業プランを何にするのかを決めたいところだよな」熱美先輩が言った。

「そうですね……、何がいいかしら」と多花世が応じた。さっきの話が少し気にかかるものの、僕らはそのまま事業プランについて話しはじめた。

　2人が話を進めていくのを聞きながら、僕は考えていた。実は、今日、ここ最近自分の中で温めていたある1つのテーマを用意していた。でも、それを2人に言うのをためらっていた。そのテーマはあまりにも私情が入りすぎている気がしたからだった。

　自分にとって意味があるといえるもの、自分が本当にそれができたら本望だと思えることには違いない。しかし……。

「創太さんは何がやりたいの？」

「そうだな創太の案も聞かせてくれよ」

僕は迷った。いつものクセでこういうとき、僕は「今はまだいいか」とか「まだ自分でも整理されていないし」と思って話を切り出さないことが多い。でも今日は、それではいけないという気持ちがなぜかずっと心から離れなかった。僕は思い切って切り出してみることにした。

「僕は新しい林業ビジネスを提案してみたいと思ってるんだ」

「林業？」驚いた顔をする2人に、僕は自分の考えを話した。

僕の実家は代々、林業と材木加工業を営んでいた。小さい会社ではあるが、僕の父はとても人望のある経営者だった。「仕事とは人を幸せにする業だ」とよく言っていて、従業員とも家族のような関係だった。

僕は、この前伊川さんからの「仕事を通じて何が創り出せたら本望か?」という問いを考えたとき、父のことが浮かんだ。仕事を通じて、人が幸せを感じられるような状態を生み出したい。抽象的ではあるがそんな言葉が浮かんだ。

最近、父の事業が厳しい状況に直面していることを知った。事業の担い手は高齢化し、若い林業家も少ない。木材を切り出し加工し出荷するインフラも十分整ってはおらず、国産木材の需要は少ない。事業収益性も低い。そんな父の事業を再生させることができないだろうか? そんなことを考えはじめたのだ。

ちょうど、先日「未来の日本の林業を考える」と題したシンポジウムがあり、足を運んでみた。そこで自伐林家の高島さんという方に出会った。自伐林業とは現行林業の課題となっている〝採算性〟と〝環境保持〟を両立する持続的森林経営ができるといわれている新しい林業のスタイルだ。また林業には、「木を売って生活している人」と「木を伐ったり、木を育てたりすることで生活している人」の2通りがあり、その木を使う人たちとのつながり方によって、いろいろな可能性があることを聞いて驚いた。

〝木〟を求めている人や企業とのマッチングや、木を活用したプロダクツや空間づくりなどの支援、それらをポータルサイト上で行う仕組み、地域再生事業とのマッチアップなど、さまざまな事業や雇用、新しい働き方などがそれによって生み出されている。僕らの会社の強みを活かせばいろいろできるかもしれないという妄想が広がった。

うまくいくかどうかは未知数だし、イメージも漠然とはしているが、自分なりには可能性を秘めたアイデアだという感じもしていた。

父の事業を再生することと、こうした新しい価値や雇用、事業を生み出すことが重ねられたら、たくさんの人が仕事を通じて幸せを感じることができるようになるかもしれない。これはすごく意味があると自分には思えたのだ。でも同時に、僕のこんなまだ詰めの甘い考えが受け入れられるのかと不安な思いもあった。

僕は話し終わると2人の顔を改めて見た。

2人は、しばらく無言でいた。

「そうだよね、やっぱりちょっと難しいよね……」僕は2人が口を開く前に先回りして言った。

すると、多花世が口を開いた。「創太さん！　それ面白いかも！　SDGsとの連動で持続可能な開発や、環境問題へのポジティブな貢献もできるし、すごく価値を感じる」

「えっ！」と僕は驚いたような声を出してしまった。

多花世は、賛同してくれた。〝私にとってもそれはやる意味があると感じる〟とも言ってくれた。

「オレの家は、おふくろが1人で3人の兄弟を育ててくれて、すごい感謝をしているんだ。だからオレにとって家族は一番大切なもので、家族が笑顔でいることがオレにとっては本当に大切なことなんだ。創太の親父さんもきっと自分の会社の従業員を家族のように思っていて、彼ら彼女らのことを大切に思っているんだってことがすごく伝わってきた。オレもお前の親父さんの事業再生を手伝いたいって思ったよ！」熱美先輩もそう言ってくれた。

その言葉には熱美先輩の思いがこもっているのを感じ、僕はうれしくなった。

それから、しばらく3人で僕の出したプランについて少しブレスト的に話し合ったあと、ミーティングを終えた。後日このプランを伊川さんに見せて意見をもらおうということになった。

この日の夜、僕は今日のミーティングのことを思い出していた。僕は自分の意見を表明することがとっても苦手だった。自分の中でいいアイデアだなと感じるものを思いついてもそれをほかの人に話すことに自信が持てないでいた。結局いつも誰かの意見や考えに沿うように振る舞ってしまう〝クセ〟がいつの間にかついていた。

そして気がつかないうちに、「自分がどうしたいか」「どうあったらいいと思うか」を考えることそのものも、抑えるようになってしまっていたのかもしれない。そしてそれが続いて本当に自分で考えを表明することができなくなってしまっていた。そんな自分を変えたいという思いも心の中にはあった。

今回、思い切って自分の考えを真正面から話してみたのは、僕の中では大きな壁を越えるような気持ちだった。そしてそれを仲間の2人が賛同してくれたことが本当にうれしかった。まだ自信満々とは言えないが僕の中で、確実に何かが変わったんだ。

これを知る者はこれを好む者に如かず。
これを好む者はこれを楽しむ者に如かず。

孔子

この指とまれ！

出だしから、いきなり本部長に酷評され、散々なスタートを切った3人。ここから彼らの〝旅〟が始まります。伊川というメンターのもとで彼らがどう変容していくのでしょうか。

新規に何かを提案するとき、特にビジネスシーンにおいては、市場の動向やデータに基づき、有望な分野に対して、客観的かつ合理的に最適解を探そうとしていくことが多いのではないでしょうか。また、現状を変えようとするとき、現状の問題や求めに応じて、解決し、応えるためのアクションから考えることも多いと思います。

しかし、「こうした着想の起点がそもそも〝提案〟の可能性を狭めて、それをすることをつまらなくしている」と言われたら、あなたはどう感じますか？

この3人もここからスタートしました。「どの分野が有望そうか？（何が求められているか？）」、そして「何をするか？（どういう新規事業をしようか？）」と。

「えっ？　何が悪いの？」という声が聞こえてきそうですね（笑）。まずこの話をする前に、本書でいう「提案」とは何かということを改めて確認したいと思います。

まず本書でいう**「提案」とは、「相手とともに新しい価値や望ましい変化を創ることを目的にした考えや意見の提示」**です。

単に相手のリクエストに応えるためではなく、自分が描いた望む状態を相手に共感してもらい、その結果として相手が動いてくれることがゴールです。

特にポイントは、相手を動かすのではなく、動きたくなる状態をつくることです。

たとえるなら、「〇〇したい人、この指とまれ！」と言って、みんなに指をつかんでもらうという感覚に近いかもしれません。

指をつかんでもらう、つまり共感され、動いてもらうためには、当然それが相手にとってもする意味があると感じられなければなりません。その前提に立って少し考えてみたいと思います。

着想の起点を変える

市場の動向やデータ、また現状の問題や求められること、ここからの着想はすべてアウトサイドインが起点です。**アウトサイドインとは「相手や世の中が求めている顕在化されたニーズ」です。**自分の提案を聞いた相手に動きたくなってもらうためには、それをする意味を感じてもらうことが大切です。

しかし、アウトサイドインを起点にすると、逆に相手に「それをする意味がある」と感じてもらったり、相手が「動きたくなる」状態をつくることから離れていく可能性が生じます。

なぜそうなるのでしょうか？　1つはストーリーの中で伊川も語っていたように、**アウトサイドインを起点にして着想し、客観性や合理性を追求していくことは同質化を招く**からです。

『世界のエリートはなぜ「美意識」を鍛えるのか？』（光文社新書）の著者、山口周氏はその本の中で、世界のビジネス潮流において、今までの分析・論理・理性に軸足を置いて合理的な最適解を出そうとするアプローチの限界を、〝正解のコモディティ化（一般化・大衆化）〟という言葉で表しています。

顕在化されたニーズや、求められることといったアウトサイドインを起点に、客観的で合理的な分析から最適解を考えることは、一見非合理な新しい発想を導き出すことと相反するアプローチでもあります。

結果、同じ前提の中で考えるほど同質化を招き、その中で違いを出そうとすればするほど、過去の成功事例に頼ったり、効率やコストや導入のスピードなどという観点での差別化を図ろうとすることになるのです。

たとえば、あなたが何かの提案を受ける立場だったとして、複数の提案がどれも似たり寄ったりだったとしたら、そして予想の範囲内だったとしたら、どんな反応になるでしょうか？　「あ〜、やっぱりそうだよね」とか「なんか変わり映えしない、面白くない」という反応になりますよね？

もう1つは、アウトサイドインを起点にして考えていくと、自分自身が「本当にそれをやる意味がある」「それをぜひともしたい！」という熱が入りにくいということです。

自分自身が意味を感じ、それをする強いモチベーションが、自分の心に火をつけ、その熱さが人の心を動かす大きな要素の1つであることは間違いありません。伊川の言葉を借りれば「自分が意味を感じていないものは、相手には絶対に響かない」のです。

「提案をするときに最も大事なことは何か？」と問われたら、私は迷わず「楽しむこと」と答えます。提案する本人が、その先に実現することに強く意味を感じ、ワクワクしながら楽しんでいるときに、人はその指をつかみたくなるのです。

内容が面白くなく、提案する本人が楽しくなければ、当然それを聞く相手が「それをする意味」を感じ、「動きたくなる」状態を生むことは至難の業です。

インサイドアウト起点とビジョン起点

では、どうしたらいいのでしょう。何が独自性や新しい価値を生み出し、どうしたらそれを聞いた相手が動きたくなるのでしょうか。

その1つ目のカギは、インサイドアウトを起点にするということです。**インサイドアウトとは「自分自身の内側から湧き上がる思い」です。**

自分の感性、問題意識、思いから、「何が実現できたら本望なのか？」「自分がそれをする意味があると強く感じられるものは何か？」を着想するのです。

そのうえで、「なぜ自分はそれを実現したいのか？」「なぜその実現に意味があると思えるのか？」「その実現によって誰がどう喜ぶのか？」「何がどうよくなるのか？」を深く問うていく。

もしかしたらそれは、客観性や合理性とはほど遠く、実現が難しいと感じるかもしれませんが、だからこそ、まだ新しいものである可能性が高いのです。一見難しいと感じたとしても、実現するだけの意味があると思えることであれば、賛同の声や知恵が集まってきます。

そして、インサイドアウトを起点にして着想したことが、「誰かや世の中のどんなニーズを満たすことにつながるか？」とアウトサイドインと重ねていくのです。

そしてもう1つ大事なのが、**「何をするか？」「どうやるか？」というアクションを考える前に、「どういう状態が生まれたら素晴らしいのか？」という未来の状態、つまりビジョンから考える**ということです。ビジョンを起点にし、そして「その状態を生むためにはどうしたらいいか？」と逆算してアクションを考えていく流れです。

着想の起点

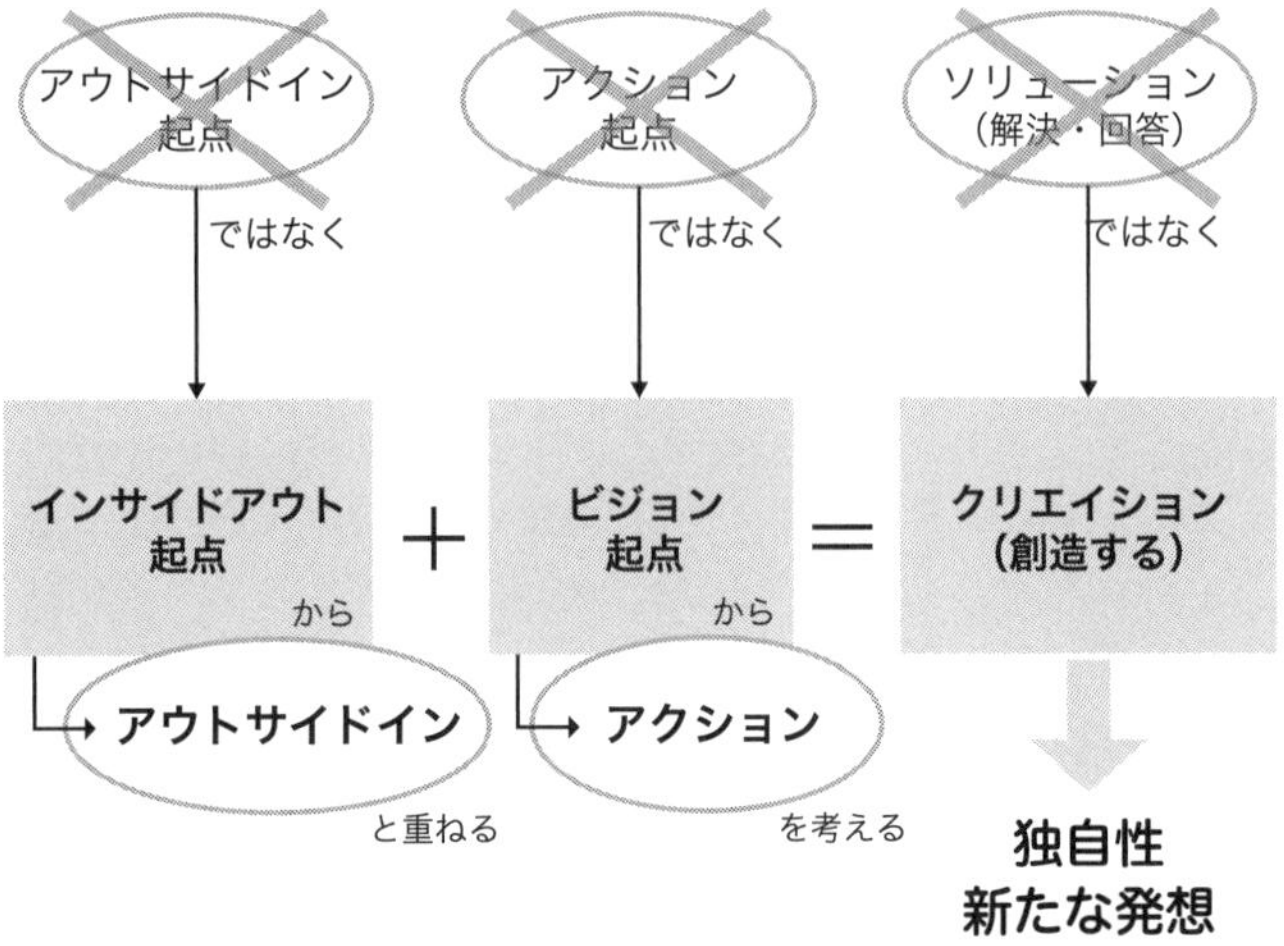

新しい価値を生み出すためには、クリエイション（創造）することが必要です。現代はVUCAワールド（※）と表現されるように、変化が激しく、価値観も多様化し、複雑さの増している時代です。そんな環境下においては、アウトサイドインを起点に、顕在化されたニーズに応えるためのアクションを考え合理的にソリューション（解決・回答）を求めようとすればするほど、逆に答えが出せなくなっていくというジレンマにおちいっていきます。

解決が困難な問題、停滞してしまっている状況などはまさに合理的な解を求めるアプローチの限界を象徴しているともいえるのではないでしょうか。

そんな世界において、新しい観点や、発想をクリエイションするためには、今までと着想を変えていく必要があります。

このクリエイションを生むのが、インサイドアウト起点であり、ビジョン起点、つまり合理的な分析よりも先に、「そうなったら望ましい状態やイメージ」を自分に深く問うて、それをまず提示するのです。

マーケティングでよく言われる言葉に「モノを語るな、そのモノがもたらす世界を語れ」というものがあります。モノ自体を伝えるのではなく、そのモノを通じて、どんな望ましい状態が生まれるのかを伝えること、これはまさにビジョンを起点にしてそこから発想をするということです。

これが提案の内容を面白くし、かつそれをする自分自身が何より楽しみ、そして周囲も、その実現を想像してワクワクしながら、ともに動きたくなる状況を生み出し、人や知恵が結集されていくのです。

インサイド起点、ビジョン起点で人を巻き込むのが天才的にうまかったのが、故スティーブ・ジョブズ氏であり、また現在でいえばイーロン・マスク氏や孫正義氏（ソフトバンクCEO）などです。

何も彼らにいきなり肩を並べようと思う必要はありません。ただ新しい価値を生み出す人や、解決困難な状況に一筋の光を見出して現状を変えていく人の思考には、共通してインサイドアウト起点、ビジョン起点という着想のアプローチがあります。そしてそれは、思考習慣の問題であって特別な才能や技能ではありません。つまり、意識すれば、誰にでもできることなんだということを知ってほしいのです。

※VUCA（ブーカ）とは「Volatility（変動性・不安定さ）」「Uncertainty（不確実性・不確定さ）」「Complexity（複雑性）」「Ambiguity（曖昧性・不明確さ）」という4つのキーワードの頭文字から取った言葉で、現代の経営環境や個人のキャリアを取り巻く状況を表現するキーワードとして使われています。

インサイドアウトの手がかり

インサイドアウトやビジョンという起点から普段あまり考えたことがないという人は、もしかしたら難しいと感じるかもしれません。でも、インサイドアウトは当然ながら誰の中にもあります。自身の**インサイドアウトに向き合うカギは「疑問」「感情」「偏愛」の3つです。**

「疑問」は普段自分が何気なくやっていることや見ているものに「なんでだろう？」と疑問を投げかけ、当たり前を疑ってみることです。疑問を抱くことの観点はあなたが「不」を感じることで、かつあなたも、また周りの人たちも「そういうものだ」と感じていることです。「不」とは、不満・不安・不便・不快などです。

「そういうものだ」という言葉の中には、「本当はこうあってほしいのに」という思いと、「でもどうせ無理だ」というあきらめが混在しています。それを、なんとかならないかともう

1度蒸し返すのです（笑）。

定額で映画やドラマが見放題のネットフリックスが生まれたきっかけは、創業者が40ドルのビデオ延滞料金を払うはめになったとき、「なんでどこで観ても、何度観ても、同じ料金にならないんだ！」と考えたことがきっかけでした。

「感情」は、自分の喜怒哀楽を引き起こすものは何かと考えることです。自分がこれまで見聞きし、体験してきた中で感情が強く動いたときのことを思い出してみてください。何にどんな感情を感じていたのでしょうか？　特に、怒りや哀しみは、自分が本当に望んでいることと現状との間に〝ズレ〟があるからこそ湧き出てきます。その感情の奥に自分が真に望む状態があるからこそ、そうではない状況に怒りや哀しみを覚えるのです。その「真に望む状態とは何か？」を言葉にしてみてください。

「偏愛」とは、自分が好きでたまらないモノやコトです。それを起点に、「それが誰かを喜ばせることができるとしたら？」と考えてみることで、新しい発想のきっかけになるのです。よく聞く「好きを仕事に」という言葉は、まさにこれを考えることです。

ぜひ、あなたの「疑問」「感情」「偏愛」から「本当はどうあってほしいのか?」「それが自分だけでなくほかの誰かも喜ばせる可能性があるとしたら?」と考えてみてください。

意味とは何か

物語の中で、伊川が「人はね、自分がやろうとしていることに意味を感じると、すごく強いエネルギーが湧いてくるんだ」「そしてそれを聞いた相手もまた、そのことに意味を感じるとまるで自分ごとのようになる。意味とは簡単に言えば〝それをやりたい!〟と思える理由ということかな』と言っていました。

意味とは、それをする意義や価値、理由です。あなたの提案を「自分も相手もそれをしたくなる(ほしくなる)物語」に変えていくことを考えるとき、この「意味」というものが非常に重要なキーワードになります。

人が何かをすることに意味を見出すとき、そこには大きく2種類の観点があります。

1 「利」に根ざした意味
2 「美」に根ざした意味

「利」とはメリット・デメリットに根ざしています。「それは必要性を満たしてくれるか?」「それは利益になるか?」「それをすることによって自分にどんな恩恵があるか?」「どんな得があるか?」といったようなイメージです。

一方で「美」とは、美意識や感性、哲学や信条、価値観に根ざしています。自分にとっての「真・善・美」の基準です。「それは自分の価値観に沿っているのか?」「それをすることによって自分が大切にしていることは満たされるのか?」「利の有無にかかわらず自分の心がそれを望んでいるのか?」といったようなイメージです。

この「美」に根ざした意味というのは、今の時代性とも重なり、これからより重要性が増していくように感じます。「必要とは必ずしも言えないがそのほうがいいよね」という感覚、「新しい価値を世の中に生み出したい」「世の中がよくなることに貢献したい」といった公共的なものや、人とのつながりを大事にすること、自身のありたい姿に近づくことなども含まれてきます。

先述した山口周氏は、経営において「真・善・美」というものを、自らの内側に持つことの重要性を語っています。私は、それは経営だけに限らず、1人ひとりの仕事の中でも体現していくことが大事だと考えています。

「われわれは何のためにそれをするのか?」「それをすることでどんな素晴らしい状態をもたらそうとしているのか?」をビジョンとして掲げる。そのビジョンに意味を感じれば、そこには、その実現を強く望むエネルギーが生まれます。

マーケティングの新4P

マーケティングとは顧客や顧客となり得る人にいかに自分たちの提案(商品やサービス)を魅力的に感じてもらい、選択してもらうかを考えるものですが、ほかとの差別化を図るポイントを表す4Pというものがあります。通常の4Pは、次の4つの要素から成り立っています。

・Product(製品)…………どんな製品特性を持つのか?
・Price(価格)…………価格はどのくらいか?
・Place(流通)…………どこで購入できるのか?
・Promotion(販売促進)…どうやって買いたいと思ってもらうのか?

しかし今の時代、この4Pによる差別化が難しくなってきています。プロダクトの差異はますます小さくなり、またデジタル化が進むことで今まで有料だったものが無料で使えるという状態がどんどん生まれています。まさにスマホのアプリがそうですよね。またネットで頼んで、ほとんど待つことなく商品を届けてもらえる。Ｗｅｂ上でその人の趣味やライフスタイルに合った広告がアルゴリズムで配信され、それを普通に誰でも目にしている。

そんな時代においてよりクローズアップされる新しい４Ｐがあると私は考えています。それは「People（人間）」、「Philosophy（哲学）」、「Purpose（目的）」、「Perspective（展望）」の４つの要素です。

- **People（人間）…………それをする人はどんな人か？**
- **Philosophy（哲学）………どんな価値観や思想があるのか？**
- **Purpose（目的）…………それをする目的は何か？**
- **Perspective（展望）………それをすることでどんなことが生まれる可能性があるのか？**

「作り手の顔が見える製品を買いたい」というニーズも、人が特定のブランドの強烈なファンになるメカニズムも、クラウドファンディングという仕組みがこれだけ増えているのも、その変化の一端を表しているのではないでしょうか。

そしてモノやサービスそのもので差別化が難しい時代において、この新4Pは、「ほかではなく、これを選びたい」という動機になっているのです。

これもまたインサイドアウト起点、ビジョン起点で発想することがいかに大事かということを表しているものの1つといえます。

3つの意味が重なれば人は動く

その提案が自分自身のモチベーションも高め、そしてそれを聞く相手にも響き、「自分も相手もそれをしたくなる（ほしくなる）物語」となるためには、3つの意味の重なりが大切になります。3つの意味とは何か？

1つ目は**「私にとっての意味」**。つまり、私自身がそれを実現したいという思いがあり、それが大事で、やる意義や価値があると思えているということです。インサイドアウトから生まれるものです。

そして2つ目は**「相手にとっての意味」**です。あなたが提案をしようとしている相手、巻き込みたい相手は、何を実現したくて、何にやる意義や価値があると思っているのか？

自分はそれを実現したいと思っていても、相手がそこに意味を見出さなければそれは単なる独りよがりな提案になってしまいます。とはいえ、自分自身がそこに意味を感じなければ提案をする熱は生まれず、やはり相手には響きません。まずはこの2つが重なっていることが重要です。

しかし、より大きく人を巻き込んでいきたいと考えるとき、もう少し大きな次元から考える必要が出てきます。個別の要求や期待を超えて、それをすることに意味があると思える大義名分、これが3つ目の**「世の中にとっての意味」**です。これは「私にとっての意味」や「相手にとっての意味」という次元を超えて、もっと大きな視座から考えるイメージです。

「今、そしてこれから世の中にとって何が大事なんだろうか？」と考える。そして「それを実現することがなぜ大事なのか」を共有し、同じ目的を目指し、その実現のために各々が協働して貢献しようとする。自分たちの組織やコミュニティでの活動が「世の中にとっての意味」があることにつながる可能性を見出し、それを拠り所に提案し、組織をまとめたり、合意形成をしていく。

これはより大きな次元での「美」に根差した意味づけといえるかもしれません。さらにそれが、かかわる1人ひとり、それぞれの中にある「私にとっての意味」と重なったとき、人はこの組織やこのコミュニティにいることや、かかわることに意味があるんだと強く思えるようになっていくのです。

特にマネジメントをしている人や起業を考えている人にとって、これは人を巻き込んでいくための必須の考え方です。

日本には「近江商人の教え」というものがあります。その中で語られる「三方よし」という概念を聞いたことがあるでしょうか？　三方とは、「自分・相手・世の中」のこと。「売り手よし、買い手よし、世間よし、売り手と買い手がともに満足し、また社会貢献もできるのがよい商売である」という考え方で、これはまさに「私・相手・世の中」の3つの意味を重ねていくということそのものです。

世の中の変化の潮流① SDGs

「世の中にとっての意味」を考えるとき、今の世の中の潮流として2つのキーワードをぜひ知っておいてほしいと思います。その2つとは「SDGs」と「エクスポネンシャル思考」です。

SDGsは本書にも、もう何度か登場していると思いますが改めて。「Sustainable Development Goals（持続可能な開発目標）」の略称で、2015年9月国連にて全会一致で採択されました。

（詳しく知りたい方は、以下の外務省のSDGs関連のページをはじめ、Web検索してみてください。https://www.mofa.go.jp/mofaj/gaiko/oda/sdgs/about/index.html)

ＳＤＧｓは経済・環境・社会という３つの観点から、地球や社会そして人類がこの先の未来も持続可能であるために、待ったなしで世界が一致協力して取り組む必要のある課題を17に分類しています。

企業という点に目を向けると、たとえばＳＤＧｓに積極的なグローバルカンパニーの１つユニリーバの前ＣＥＯポール・ポールマン氏が２０１７年の世界経済フォーラム（ダボス会議）で「企業がＳＤＧｓに積極的に取り組むことによって、少なくとも12兆ドルの経済効果、３・８億人の雇用が創出されるだろう」と語りました。

「ＥＳＧ経営」という言葉があります。環境（Environment）、社会（Social）、ガバナンス（Governance）の３つの頭文字をとった名称で、環境や社会の問題解決とビジネスとを一体不可分として考える経営のあり方を指しています。

また、こうした企業に投資をしていこうとするＥＳＧ投資の投資残高が今世界の全投資額の４分の１を占めるまでになっており、また日本国内においてもこの数年で倍以上の伸びを見せています。

先にあげた「近江商人の三方よし」に照らして、このESG経営とは「四方よし」ともいえるように思います。「売り手よし、買い手よし、世間よし、地球よし」です。事業活動とSDGsの結びつきはこれからますます強くなっていくでしょう。

とはいえ、これらはとても大きな話でもあります。「自分が動いたところで何も変わらない」と無力感を抱いてしまうかもしれません。だからこそ大事なのは起点を自分＝インサイドアウトにするということだと私は思っています。

インサイドアウトのカギは、自分の中にある「疑問」と「感情」と「偏愛」です。「私にとっての意味」をまず起点に、それが「SDGsと結びつくとしたら？」と考えていく。これが意味を重ねるということです。

ストーリーの中で多花世は、自分の過去の体験で感じた思いから、このSDGsの達成とビジネスというものを結びつけていきたいと考えました。その起点には「やらねばならない」ではなく、「やりたい」という感覚があります。それをより具体的な提案へとつなげることができるようになれば、「世の中にとっての意味」という求心力を得て、より多くの人を巻き込むことができるようになっていく可能性を持っているのです。

世の中の変化の潮流② エクスポネンシャル思考

世の中の潮流のもう1つのキーワードは「エクスポネンシャル思考」です。

2008年、民間の宇宙産業開発を主導するX PRIZE財団の創始者ピーター・ディアマンテス氏と人工知能研究の世界的権威であるレイ・カーツワイル氏が設立したシンギュラリティ大学が提唱する考え方で、「指数関数的」という意味を持ち、テクノロジーの加速度的進化を表した言葉です。日本では齋藤和紀氏（Exponential Japan 代表）が中心となってこの考えを普及しています。

指数関数とは平たくいえば倍々で増えていくことを表しています。1粒の米が翌日は2

粒、3日目には4粒、4日目には8粒と毎日前日の倍の数を加えていくと、果たして30日後にはなんと約10・7億粒になります。

かつて、ヒトゲノム解析プロジェクト（人間のDNAをすべて解析する試み）が、7年経過時点で1パーセントしか進捗していなかったとき、大半の人々は、「700年かかっても解析できるかわからない」と言っていました。

しかし、カーツワイル氏は「1パーセントまで解析できたのだから、あと7年で解析は完了する」と予言しました。そして、それはその通りになりました。これはまさにエクスポネンシャル思考で先を見通したのです。

この加速度的なテクノロジーの進化の先に人工知能が人間の脳を超え、自らの力で進化をしていく転換点を「シンギュラリティ」といいます。カーツワイル氏はシンギュラリティは2045年に訪れると予測をしています。その是非はともかくとして、重要なのは、日々圧倒的なスピードで進化していくテクノロジーは、私たちの生活、仕事、社会、さまざまなものを一変させる力を持っているということです。

オックスフォード大学の研究チームによれば、今後10～20年のうちに今ある仕事の47パーセントは機械にとって替わられる可能性が極めて高いという予測を打ち出しました。あらゆるものが無人化・機械の流れにあり、それは製造や運転や物流から小売りにまで及んでいます。すでに人間か機械かがほぼ判別できないＡＩアナウンサーが登場し、チェスや囲碁の分野ではすでに人間の世界チャンピオンは人工知能に勝てません。

全世界でベストセラーとなった『サピエンス全史』（河出書房新社）の著者であるヘブライ大学教授のユヴァル・ノア・ハラリ氏は、最新作の『ホモ・デウス』（同前）の中で人間至上主義からデータ至上主義へと変化する可能性を示唆しています。あらゆる情報を開示し、自由に流通することで、すべてがネットワークでつながり、人間は人間ではなく機械にさまざまなことを任せ委ねていくという世界が出現すると言っています。

その世界が現実になるか否かはまだわかりません。しかし、私たちを取り巻く世界が大きく変化しつづけ、それはさらに加速していくという状況はどうやら間違いないようです。今当たり前にあることがすべて必要なくなり、その変化はとても早く、漫然と生きていると自分の仕事や人生がその変化に翻弄されてしまうという思いに襲われ、脅威を感じることがあります。

「今していることに意味はあるのだろうか？」という虚しさのようなものや、「新しいものが次々と生まれる中で自分が拠り所としていたものが失われたときに大きな喪失感を感じるのではないか？」という怖れのようなものも浮かんできたりもします。

しかし一方で、望めば、この変化の中で、「私にとっての新しい意味」「相手にとっての新しい意味」「世の中にとっての新しい意味」をつくることができる可能性に希望を見出すこともできます。

自分が望むと望まざるとにかかわらず、この変化の潮流はさらに激しさを増すでしょう。そのときに自分がどういうスタンスでいるのか。自らの態度は自らで選べます。

変化の兆しに目を向けながら、「何が実現できたら素晴らしいのか？」「これは本当に必要なのか？」「本当に意味のあることは何か？」それを自らのインサイドアウトから、ビジョンとして表現していくのです

ＳＤＧｓとエクスポネンシャル思考は「世の中にとっての意味」を考えるうえでぜひ知っておいてください。

意味のイノベーションを起こせ！

「その観点があったのか！」という発見は、人をワクワクさせるものです。そんな発見から生まれるのが「意味のイノベーション」です。

その提唱者である、イタリア ミラノ工科大学教授、ロベルト・ベルガンディ氏は、イノベーションには2種類あると言っています。1つはソリューションレベルで、「問題解決のイノベーション」。そしてもう1つが「意味のイノベーション」です。そして意味のイノベーションは、従来のものの前提に疑問を投げかける姿勢が重要だと言っています。

ベルガンディ氏は、それを、あるロウソクメーカーの事例で説明しています。

照明器具の発達した現代において、「明かりを得るための道具」という存在意義を失ったロウソクは、せいぜい停電時の明かりの代わりや冠婚葬祭などのシーンで使われるくらいだと多くの人に認識されてます。そんな中、その〝ロウソク〟で売り上げを伸ばしているヤンキーキャンドルという会社がアメリカにあります。

彼らのウリは明るさや利便性ではなく〝香り〟です。その商品はラベルを貼った容器の中に入っていて炎はほぼ見えず、明かりとしてはまったく機能していません。しかし人々はその〝香り〟とほのかで幻想的な明かりによって居心地のよい雰囲気を醸し出すために買うのです。

彼らは「人々がロウソクを買う理由」つまり、それを求める新たな意味を創り出したのです。これが意味のイノベーションです。

意味のイノベーションとは、ひと言でいえば「意味を新たに創り出す」ことであり、その原動力は、合理性や市場性というところからではなく、「なんかこんな感じだったら、人はきっと喜ぶはずだ」とか「きっとこんな感じのものがあったらどんなに素晴らしいだろう」といった極めて個人的な思いにも近いものだったりします。

さらに、ベルガンディ氏はこんなことも言っています。

ソリューション、すなわち解決策を求めているときは、外の声にヒントを求めるのは正しい。でも未来の方向性や意味を求めているときは、そうではない。「新しい意味」を探すときは、内なる声に耳を傾けるべきだ。アウトサイドインではなく、インサイドアウトであるべきだ。イノベーションに取り組みたいなら、自ら信じるものに従う。信じられないことは、続けられない。信じられないものをつくっても、人は買わない。
（ベルガンディ氏のＴＥＤトークの（渡邊康太氏訳）より）

まさにインサイドアウト起点です。意味のイノベーションのきっかけは、ちょっとした「疑問」です。既存や日常の前提を疑い「本当にそうか？」と問う。そして変化の兆しを捉えながら、「こうあったらいいよね！」「こうすることもできるんじゃない？」とインサイドアウトからありたい姿をビジョンとして描くことで生まれるのです。

古くは自動車王と呼ばれたヘンリー・フォードが「私は車をつくるのに人々の声は聞かなかった。なぜなら人に聞いても速い馬が欲しいというから」と言い、アップルの創業者であるスティーブ・ジョブズ氏はコンピュータが人々の生活をどう変えるのかを夢想し、そこから革新的な商品を次々と生み出していきました。これらもまたインサイドアウトから意味のイノベーションを起こした事例だといえます。

時代の変化とは、従来のものがさまざまな理由（たとえばテクノロジーの進化や、人の価値観の変化）で、その存在意義を失っていくことをともないます。しかし、その変化の兆しは、最初のうちはまだ見えず、それに気づいたわずかな人の心の内にのみあるのです。

こういった「新しい意味」を創り出すのは、ある特別な才能を持った人たちだけの特権ではありません。自分の内なる声に耳を傾けて、インサイドアウトから、新しい意味を創り出していこうとする意思を持てば誰にでもできます。

それをする人とそうではない人の違いは「そう考えよう」と自分が決めるか決めないかの違いだけなのです。

創太は父親が林業ビジネスをしているとはいえ、自分自身は、まったくの素人です。しかし、自分のインサイドアウトから「仕事を通じて人が幸せを感じられるような価値を生み出したい」という思いに気づき、「どうしたら林業に携わる人も、そこから生まれるものを使う人も幸せになるだろうか？」と考えました。

林業というものを「単なる産業」ではなく、「人が幸せになる方法」として捉えてみるという「意味のイノベーション」をしたのです。

第1章まとめ

◆提案で最も大切なことは、提案する本人が、その先に実現すること
に強く意味を感じ、ワクワクしながら楽しんでいること。

◆インサイドアウト＝「自分自身の内側から湧き上がる思い」を起点
に考える。自分が意味を感じていないものは、相手には絶対に響か
ない。

◆自身のインサイドアウトに向き合う3つのカギ「疑問」「感情」「偏
愛」に目を向けること。

◆インサイドアウトを起点にして着想したことをアウトサイドインと

重ねていく。

◆「私にとっての意味」「相手にとっての意味」「世の中にとっての意味」という3つの意味が重なると、人は動く。

◆「何をするか？」「どうするか？」というアクションを考える前に、「どういう状態が生まれたら素晴らしいのか？」というビジョンから考える。

◆これからの時代に大切なマーケティングの新4Pは、「People（人間）」「Philosophy（哲学）」「Purpose（目的）」「Perspective（展望）」。

◆意味のイノベーションとは、ひと言でいえば「意味を新たに創り出す」ことであり、自分の内なる声に耳を傾けて、インサイドアウトから、それを創り出していこうとする意思を持つ人すべてができる。

第2章

〈構成〉提案を「物語」にする4つの「型」

STORY 02 ◆ 「型」を知る

〈5月中旬〉

「お前ら、このプロジェクトにずいぶんと時間を割いているみたいだけど大丈夫か？」

そんな言葉に僕らは振り向いた。声の主は、同じプロジェクトの別チームにいる、宇山先輩だった。彼は熱美先輩と同期で、営業成績もいつも上位で、とても優秀だった。しかし、ここ最近今までのように成果をあげられていなくて焦っている印象もある。僕はこの人がちょっと苦手だった。なんというか人を見下すようなところがある。

「プロジェクトに時間を割くのもいいけど、本業のほうがおろそかになったら、意味ないんじゃないのか？」と宇山先輩が言った。

「本業ってなんだよ、このプロジェクトだって立派な本業だろ」と熱美先輩が返す。

「熱美、お前本当にそう思ってるのか？　結局いつも新規事業プロジェクトみたいなものが立ち上がるけど、結局どれも形にならないまま終わってるじゃないか？　今、オレたちのメインの事業も厳しくなっている中での新規事業って発想なんだろうけど、正直こんなことやってる場合じゃないだろ」

「じゃあ、お前はどうしたいんだよ」と熱美先輩がさらに返した。

「そんなことオレに聞くなよ、そんなことは会社であり、新本部長が決めることだろ。それはオレが決めることじゃない。まあ上が考えていることをオレたちはやるまでだけど、もう少し現実を見てほしいもんだよ。いろんな思いつきに振り回されるのはこっちなんだから……」なんか、変な空気になりかけたが、宇山先輩が次のミーティングへと向かったことでいったんこの場は収まった。

「なんで。あいつはいつもああなんだ……」と熱美先輩はつぶやいた。

「でも、私も別の課のメンバーから似たようなこと言われたわ」と多花世がため息まじりに言った。

確かに宇山先輩の言うように、今の主要事業は厳しい。だからこその新規事業なのかもしれない。でも僕は藤崎本部長が言っているのは、そういう次元ではないような気もしていた。うまく言葉にはならないが、考え方を変えるというか、今までとは違うスタンスが大事なんじゃないかって。それが伊川さんが、最初に会ったときに言っていたことじゃないかって感じていた。

でも、それを宇山先輩に返せるほどの勇気が今の僕にはなかった。

「まあ、オレたちはオレたちのやり方でやろうぜ。オレは少なくとも、伊川さんとのミーティング以降、自分の中で何か今までと違う感じが生まれた。これが正解なのかどうかはわからないけど、でも信じてやってみようって思ってる」

熱美先輩の言葉に、僕も多花世もうなずいた。僕にも何かが変わりそうな予感がある。それを信じてみよう。

〈5月下旬〉

前回のミーティングから1カ月がすぎ、蒸し暑さが梅雨の到来を感じさせるような5月の終わりに、僕らは再び伊川さんのもとを訪れた。

「お〜、どうぞ〜入って〜」とまた部屋の奥から声がして僕らは、伊川さんのカフェのようなオフィスに入って行った。

伊川さんは、僕らのプランを楽しそうに、しかし時折考え込むような表情をしながら、ひと通り聞き、そして僕らの話が終わると、しばらく目を閉じてうつむいていた。

「あの～伊川さん、このプランどう思いますか？」と僕は少し不安になりながら問いかけた。

「うん、面白そうって思ったよ」

伊川さんは笑顔でそう言ってくれた。

「ただ、アイデアがいっぱいあって面白いんだけど、まだ今ひとつイメージがつかみにくいんだよな～。いくつか質問してもいいかな？」

そういうと、伊川さんは大きな壁の前に立って、何やらフレームのようなものを書きはじめた。

「えっ、その壁書けるんですか？」熱美先輩が言うと、

「うんそう、自分でホワイトボード的に使える壁をつくってみた。面白いでしょ。っていうか今はそこに驚くんじゃなくて、質問するよ（笑）」と伊川さんが笑いながら返した。

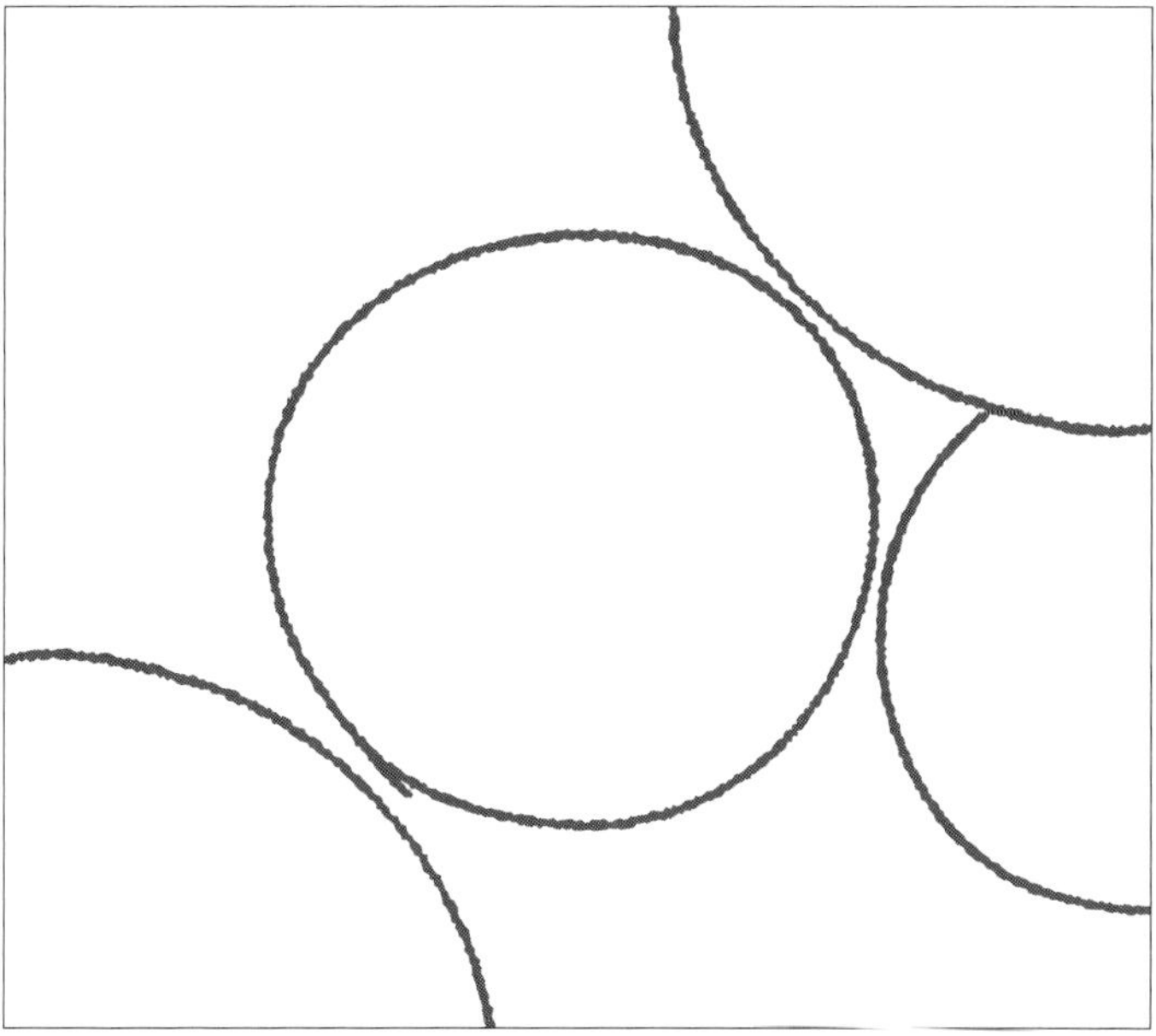

「さて、ではまず最初に、今創太くんが話してくれたことが実現したら、どんな未来が実現するんだろう?」

「未来ですか?」

「うん、そう未来。望ましい未来をイメージするときは、何がどんな状態に変わっていたら素晴らしいと思えるかを考えるんだ。お父さんの会社はどんな状況になり、従業員の方たちはどんな感じになっているのかな? 林業という産業にはどんな変化が生まれているだろう?」

そう伊川さんに問われて、考えてはみるのだが、なかなか言葉にならない。「こんなことができたらいいな」というアイデアはいろいろ思いついたのだが、それをしたらどんな状況が生まれるのか?

「なんかうめき声しか聞こえてこないけど(笑)。OK、そうしたら、ちょっと面白いことをやろう」

「面白いことですか？」と返す僕らに伊川さんは1枚のシートを手渡した。

「そう、面白いというかちょっと変わったこと。君たちがこの提案を通じて実現できたら本望だと思えるもの、こんな状況が生まれたら素晴らしいなと思う状況を、オノマトペ3つで表現してみてほしいんだ」

「オノマトペ？」

「あれっオノマトペって聞いたことない？」

「ワクワクとかワンワンとか擬音語や擬態語のあれですよね？」と多花世が答える。

「そう、擬音語とか擬態語のあれ」

「オノマトペ……ですか（いったいこの人は何を考えているんだろう……）」

「そうは言っても出てこない人も多いので、なんと自作のオノマトペシートも用意しました！　ここから選んでもいいし、自分で考え出してもいいので、そのオノマトペを今渡したシートの二重丸の内側に書いてみて」そう言うと伊川さんはオノマトペがたくさん載ったリストを僕らに手渡した。

「そして、なぜそのオノマトペなのか？　そこから連想されるイメージは？　そういう感じで思いつくことをその二重丸の外側にいろいろ書いてみて。絵でも単語でも文章でもなんでもＯＫ」

難しそうな顔をする僕らに、伊川さんはニヤッと笑ってひと言。

「これから、楽しいものや素晴らしいものをつくろうとしているんだから、楽しまなくちゃ(笑)。いったん思考は横において、イメージと感覚で自由に、気楽にね。まあ適当にやってみてよ」

オノマトペシート

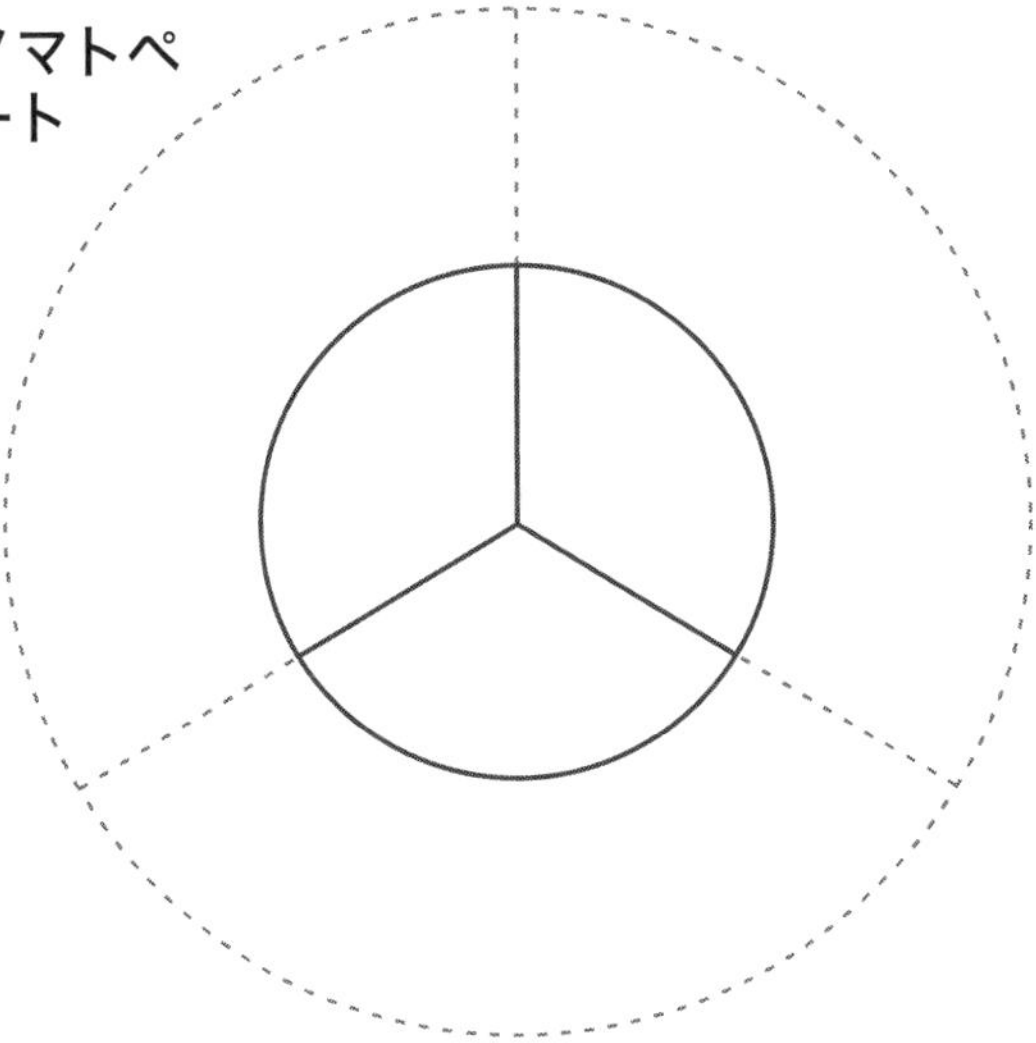

オノマトペリスト

ワクワク	ドキドキ	うずうず	ヒョイヒョイ	ぐんぐん
パキパキ	めきめき	きゅんきゅん	グイグイ	ブイブイ
ヒリヒリ	くるくる	ぴょんぴょん	ゴーゴー	ズバズバ
グワングワン	ジンジ	キャピキャピ	キラキラ	うるうる
ぽんぽん	すいすい	ノリノリ	じりじり	モヤモヤ
ドクドク	バリバリ	ゆるゆる	むくむく	ガツガツ
スースー	じゃんじゃん	ドバドバ	てくてく	ぐわ〜ん
ぴゅ〜	チャキチャキ	ブルッ！	どりゃ〜	キチキチ
すーー	もりもり	へーっ !!	ほーっ !!	ムラムラ
たんたん	トントン	ズシッ！	ざぶ〜ん	ズンズン
ちょこちょこ	ドッカ〜ん！	じわじわ	じりじり	ぱ〜っ !!
ピカピカ	すべすべ	ニヤニヤ	にんまり	うぉ〜 !!
カプカプ	ドドドド	む〜んっ	ワンワン	シュッ !!

「適当？　ですか……（相変わらずこの人はゆるい……）」

「そう、真面目に肩肘張らずにね。ほら創太くん力抜いて。ではスタート〜」

僕が本望だと思うこと……、それは「仕事を通じて人が幸せを感じる瞬間を創る」こと。でもそれとこのプランのイメージとは、なんか次元が違うような気がする……。うーんでもまあ、まずはやってみよう。この新たな林業ビジネスを通じて人が幸せを感じているシーンは……。

10分くらいたって、それぞれが書いたオノマトペシートを見せ合いながらそのイメージを話してみた。やってみて、意外にいろいろ出てくることに驚いた。それは多花世も熱美先輩も同じだった。

「けっこういろんなイメージが出てくるものですね！」

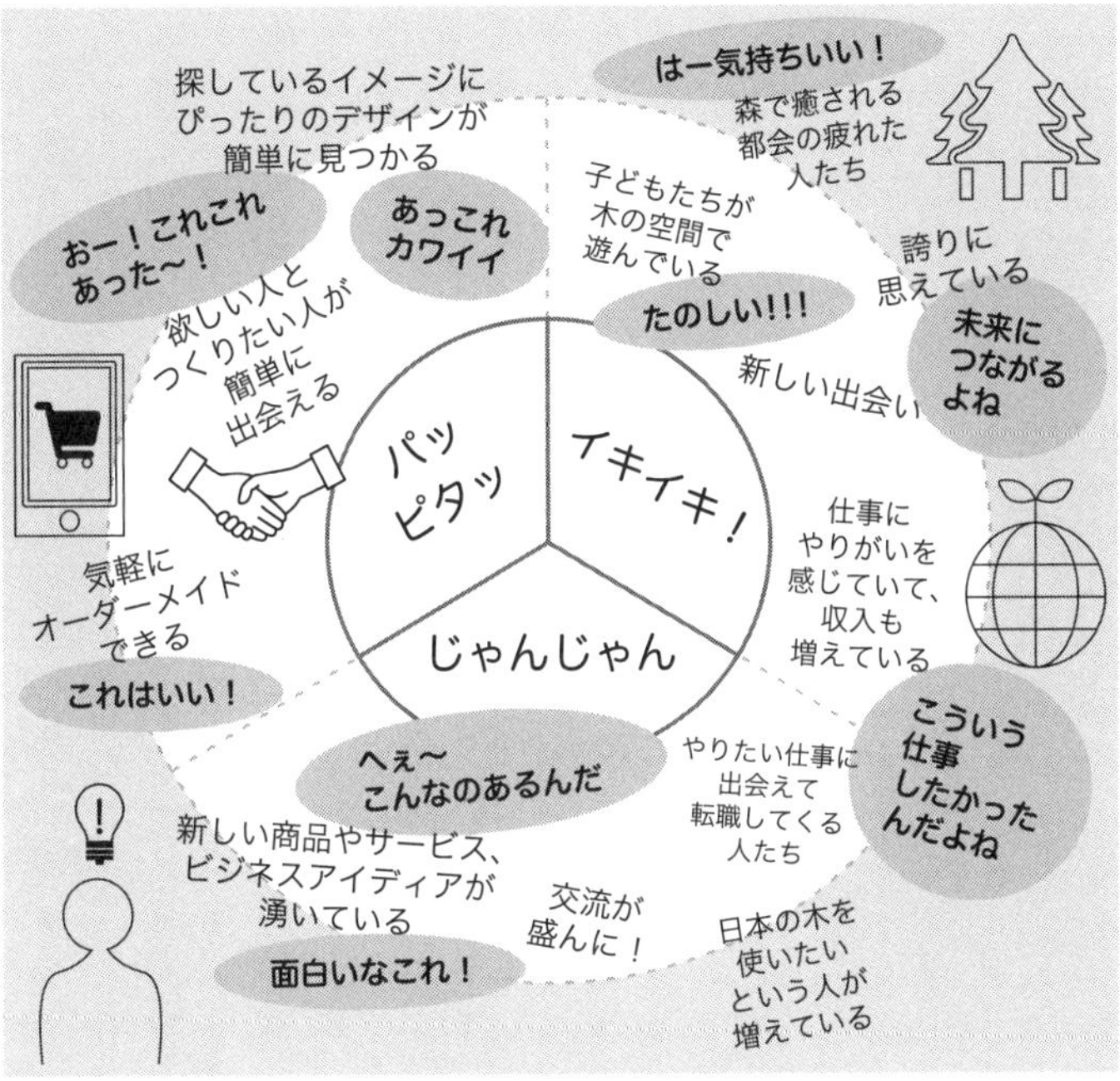
探しているイメージに
ぴったりのデザインが
簡単に見つかる
おー！これこれ
あった～！
あっこれ
カワイイ
欲しい人と
つくりたい人が
簡単に
出会える
気軽に
オーダーメイド
できる
これはいい！
パッ
ピタッ
イキイキ！
じゃんじゃん
は一気持ちいい！
森で癒される
都会の疲れた
人たち
子どもたちが
木の空間で
遊んでいる
たのしい!!!
誇りに
思えている
未来に
つながる
よね
新しい出会い
仕事に
やりがいを
感じていて、
収入も
増えている
こういう
仕事
したかった
んだよね
やりたい仕事に
出会えて
転職してくる
人たち
へぇ～
こんなのあるんだ
新しい商品やサービス、
ビジネスアイディアが
湧いている
面白いなこれ！
交流が
盛んに！
日本の木を
使いたい
という人が
増えている

「だろ～、そうなんだよ。人って言葉の前にまずイメージがあるんだよね。みんなにも言葉にはなっていないけれど、なんかこんな感じになったらいいなっていうイメージがきっとある。でもいざそれを言葉にしようとすると、なんかうまく表現できない感じがあるんだよね。なぜだと思う？」

「なんか、言葉にしようとすると、イメージとずれてしまう感じがあって、うまく当てはまる言葉が浮かばないことがよくあるかも」と多花世が言うと、それに熱美先輩が応じる。

「オレなんか、ただでさえボキャブラリーが少ないから、その感じはすごくわかる」

「あと、言葉で説明しようとすると、なんかちゃんとしたことを言わなきゃいけない感じが出てきて、ついためらってしまうこともあるな」と僕も続く。

「そうなんだよね。言葉にすると、そのイメージの中にあるものが、どこかそぎ落とされてしまうような感じがあったり、きちんと言おうとするいわゆる〝ちゃんとバイアス〟がかかったりするんだよね。でもオノマトペっていうのは、イメージの中にあるエネルギーを残している言葉だともいわれているんだ。しかも気楽に言える。まずオノマトペで仲介してそれからそのイメージを言語化していくと、けっこういろいろ出てくるんだよ。そして大事なのは遊び感覚で、気楽にやること」

「あっ、それと……」

「んっ？　創太くん何？」

「僕、最初は難しいと思ったんですけど、伊川さんの言葉を思い出して、林業が人を幸せにしているシーンを思い浮かべてみたんです。そうしたらけっこういろんなイメージが湧いてきて……。どこか固いイメージがあった林業が、わりとポップで楽しい感じになってきたんです」

「いいね創太くん。そこから新しい可能性が生まれてきそうだね」伊川さんはうれしそうに言った。

「私もね、林業が地球にとっていいことにつながるって、なんか森が元気になっているイメージで。そこからスタートしたらけっこう広がったわ」と多花世。

「オレは、創太のお父さんや従業員の方々が楽しげで誇らしげな感じでいるシーンを浮かべてみたら、どんどんイメージが広がってきたよ」渥美先輩も続く。

「僕らがやろうしていることは、林業ではなく、森で人を幸せにする業なのかも」

「林業から森で人を幸せにする業へ」

「お〜！　なんかいい感じ！」

僕らは話しながら感じていた。何かを企画するときでも、提案を考えるときでも、どうしても真面目に堅くなってしまう。でもそんなときって決まって何も思い浮かばなかったり、いつものパターンしか出てこなくなってしまう。こうしたゆるい感覚が、発想を広げることを改めて体感できたのは僕にとって大きな発見だった。

「ゆるくはあるが軽くはないんだ。うん」

「なんですかそれ？」

「んっ？　あっこれは、吉岡伝七郎が宮本武蔵と対決したときに武蔵の構えを見て言った言葉でね……ってまあ、それはいいとして続きをやろうか」

「はいやりましょう！（……ってこの人は突然話が飛ぶんだよな……でもいい言葉かも）」

ゆるんでいい感じになった僕らは、、思い描けるイメージをいろいろと出してみた。伊川さんはそれをどんどんと壁に書いたフレームの右上のほうに書き込んでいった。

「ＯＫ。では次に、君たちはなぜその未来を実現したいんだろう？　そして望ましい未来に対して今はどんな状態なんだろう？」そう問われ答えていったが、なかなかうまく言葉にできない。

「実現したい理由は、自分の思いという極めて個人的な視点、またそれをする必要性や必然性という視点の両方を考えてみるんだ。そして、その思いや必然性を感じる理由、そう思うに至った原体験なども挙げてみて」

「具体的には?」
「どうしてそう思うの?」
「ほかにある?」
「つまりどういうことかな?」

そんな感じで、伊川さんに問われて答えることを繰り返していくと、だんだん言葉が出るようになってきた。なんか面白くなってきた。伊川さんはそれを今度はフレームの左下のほうに書き込んでいった。

「では次にいってみよう。その未来が実現すると、どんな価値が生まれているだろう? 誰がどう喜んでいるか? 何がどう変化しているか? その変化はさらにどんな変化を生むのか？　そんなことを挙げてみて」

「まず、オノマトペで広げてみない？」と多花世が言った。

「いいね〜、そうしよう」と僕らはまたオノマトペで広げてみた。そして出てきたイメージをキーワード化して伊川さんはそれを未来を書き込んだフレームの下あたりに書いて言った。

「さて、ここまで実現したい未来やその理由、そして生まれる可能性のある価値を描いてきたよね。では〝どうしたら実現できるだろう？〟〝この実現のためのカギは何か？〟を挙げてみてほしいんだ。大事なのは現状からの積み上げで考えるのではなく、未来から逆算すること。この未来が実現しているとしたら、何がそれを可能にしているんだろう？　では、そのためには何が必要だろう？　未来から逆算して取り組みを考えることが大事なんだ」

僕らはまたいろいろと出してみた。

「うんうん、いいねいいね、面白い！　ほかにある？　右側に書き出したイメージが実現するのに必要なものはなんだろう？」伊川さんの問いかけのテンポに乗せられながら、僕らはいろいろと出してみた。

「だいぶ出てきたね。いい感じだね。このたくさん出たものをちょっとカテゴライズしてみようか。どんな風に分けられるかな？」

「そうね、担い手に向けられたものと使い手に向けられたものに分けられる感じがするわ」多花世が応える。

「おー、いいね、なるほど。林業の担い手が今よりもよい状態になっていくためのアイデアと、木を求める、いわゆる使い手の側がもっとわかりやすく、求めやすく、魅力を感じるためのアイデアとに分けられそうだね。でもこれらに分類できないものもあるけど、これはどうだろう？」

「なんか、担い手と使い手をつなぐという切り口で、１つカテゴライズができるかも」

「おっ、熱美くんいいね！　確かにそれで1つつくれそうだね。」

「そうすると、大きく3つに分類できそうだね。〝担い手価値向上〟〝使い手価値向上〟〝つなぐ仕組み〟という感じかな。さっき出した価値もそれに合わせてキーワード化してまとめてみようか」と言いながら、伊川さんはどんどんフレームの中に書き込んでまとめていった。

「あとはお金の流れも確認してみよう。お金の流れとはつまり価値の流れだ。何をすることで誰がどう喜ぶか？　何がどうよくなるか？　その価値を感じる人は誰か？　そういったことが明確になると、〝そこに対価を払う人は誰で、何に対してなぜ払うのか？〟ということが自ずと見えてくる。最初からお金の流れを考えるとアイデアや発想は広がらないからね」

これもまた僕らにとっては驚きだった。いつもはなんの疑問も持たずに、まずどうやって売り上げをあげるかという観点でばかり考えていた。

未来Vision

林業から“森で人を幸せにする業”へ

衰退傾向にあった林業が新たに生まれ変わる。

木を使いたい人と提供したい人のニーズを多用にマッチさせていく仕組みが、新しいビジネスの可能性をどんどん広げている。森で働く人、木を使うシーン。森や地球環境に興味関心を持つ人などがどんどん増えている。

■使い手価値

- 魅力的な商品や事例の紹介
- 木を使う意味をデザインしていく

¥新規
ビジネス
サポート
として

¥広告宣伝
フィー
として

…etc.

さまざまな用途や事例紹介
使い手と担い手の
マッチング
働き手のマッチング

価値Happy

■担い手

- 充実した働き方
- 意義のある仕事
- 新しいビジネス創出が生まれる

■使い手

モノや空間や体験など木の素晴らしさ、心地よさを味わい、温かいデザインを享受できる

■さらに…地球も

関心を持つ人が増え、結果、環境保全や資源確保に好影響

どうする Key-idea

■担い手価値
・森に関連したさまざまな仕事の紹介と斡旋、教育、起業や転職支援
・流通網の開拓

¥ EC サイトとして

¥ クラウドソーシングとして

■つなぐ仕組み

今なぜ Why

林業を営む父はいつも「仕事は人を幸せにするもの」と言っていた。その価値観は僕にも強くあることに気づいた。そんな父の事業は今非常に厳しい。改めて今の林業を調べてみると実は非常に大きな可能性を持っていることがわかった。でもそれが活かされていない。もし活性化に貢献できれば、かかわる人たちを幸せにできる。さらに林業の活性化は地球環境にとっても意義のあることにつながる

「じゃあ、みんな改めて見てみようか。僕らはどんな未来を生み出したいのか（右上）？その未来を生み出したい理由と現状は（左下）、それが実現することで生まれる価値は（右中段）？その実現のためにどうするのか？カギは何か（真ん中）？これで整理されたよね」

改めて見ると、すごくワクワクしてきた。1つ1つバラバラだったアイデアがつながって、より実現できそうなイメージ、いや「実現したい」という思いが湧いてきて、それが頭の中ですごくクリアになっている感じがした。

「提案というのはね、この前も言った通り、まず〝意味〟が大事なんだ。提案する自分自身がやる意味を感じられるのか？そして聞いた相手がその提案されたことの実現に意味を感じられるのか？その2つが重なったときに、それを実現したいという熱意が生まれ、相手もまた提案を受けるスタンスからそれをともにつくるパートナーというスタンスへと変化していく」

この1カ月で、僕らはその言葉を実感をともなって受け止めることができた。

「でもね、それだけでは相手には伝わらない。もう1つ大事なのが、それが相手に伝わるように構成すること。伝えるために必要なのは、それを伝えたいという強い思い。そして相手に伝わるように構成することなんだ。そのときに役に立つのが〝型〟なんだよ」

「〝型〟…ですか？」

「そう〝型〟。思いは意味とつながっている。〝それをしたい！〟〝する必要がある！〟という思いは、そこに意味があると思えればこそだ。そして今君らの話を整理するのに使ったのがビジョン・フレーム、言うなればビジョンを描き語る〝型〟だ」

そう言うと、伊川さんはまたさっき書き出したボードの前に立った。

「右上が未来、つまり実現したいビジョンだ。ここが豊かに語れると人はワクワクしてくる。左下は、〝なぜそのビジョンを実現したいのか？〟〝今なぜそれをする必要があるのか？〟という実現したい理由だ。ここに共感すると人は応援したくなるんだ。そしてこの右中段が、そのビジョンが実現したときに生まれる価値だ。僕は〝ハッピー〟と呼んでる。何がよくなり、誰がハッピーになるのかというイメージ。これが自分の関心と重なると人はその実現により強く意味を感じる。そして真ん中がその状態を実現するためにどうするか？　つまり、実現のためのキーアイデアだ。ここがしっかり語れると人はこのビジョンの実現を信じられるようになる。仮にまだアイデアが足りなくても、ビジョンに共感し実現する意味を感じてくれると、一緒にこのアイデアを考えてくれるようにもなるんだ」

伊川さんは僕らの反応を確認するように、「型」の1つ1つの意味合いを丁寧に説明してくれた。

「この型を使うことによって広がったイメージが1つのストーリーのようになり、聞いている相手に響いていくんだ。試しに、これを未来（右上）、なぜ今（左下）、価値（右中段）、どうする（真ん中）という順番で語ってごらん」

僕は伊川さんにうながされるまま、改めてその流れでこのプランについて語ってみた。すると、まるで頭の中に1つの地図が生まれたかのような感覚で、フレームが置かれ、そこに

Vision

沿いながら話すので、自分の中で話す流れに迷いがなくなる感覚があった。

「創太くん、語ってみてどんな感じがする？」

「自分の中ですごくスムースというか、これだけいろんな情報があるのに、とても語りやすい感じがしました」と言うと、伊川さんはニコッと笑った。

「この型で描き語れるようになると、相手への伝わり方が格段に変わる。提案ってね、自分も相手もそれを実現したいと思える物語をつくることだと僕は思うんだ。〝型〟の流れはそのままストーリーになっているんだ。未来のイメージがあり、思いがあり、生まれる価値があり、それを実現するアイデアがある。これらがつながって1つのストーリーになるんだ」

僕らはこのミーティングを通じて確かにそれを実感していた。

「〝型〟と言うと窮屈に聞こえるけど、別に型にはめるんじゃなくて、型を使うんだ。伝えるのが苦手な人が、〝自由に語って〟と言われると逆に何をどう話せばいいのか、困ってしまうことがよくある。また、自由に語りすぎて聞いている側がわからなくなるなんてこともよくある」

「あっ、それってものすごくよくわかります。オレは、よく〝君は何が言いたいんだ〟って言われます」と熱美先輩が言うと、一同笑った。

「型があることによって、逆に迷いや不安が和らいで、発想が出やすくなるし、聞き手は話の流れがスムースに頭に入ってくる。慣れてきたらそこから自分流のアレンジを加えて、自分のスタイルをつくっていけばいい。まさに〝守破離〟なんだよね」

気がつくと、もうすでに3時間が経過していた。僕はこんなに楽しい感覚で仕事ができていることがとてもうれしかった。もちろんこの場の雰囲気がそうさせているのもあるんだけど、自分が意味を感じること、それでいてそれが誰かに貢献できるということ、そしてそれを分かち合い理解し合ってともに実現しようという仲間がいること。

僕の中で、〝仕事〟に対する感覚、そして〝提案〟というものに対する認識が確実に変化してきている。その変化は自分にとっては本当にうれしい変化だった。

正直、義務感と疲労感の中で仕事をしていた。提案することもどこかおっくうに感じ、惰性になっているようなところもあった。評価を下げたくないから、言われたことに応えようというマインドが強くなる。何かを自ら提案することでかかる負荷や、外したときの冷ややかな視線を想像して躊躇することが多かった。会社という枠組みの中で自ら主体的に振る舞うスタンスをどこか割に合わないように思ったりもしていた。

伊川さんの「なんのために仕事をしているのか？」「仕事を通して何が実現できたら本望か？」この問いが僕の中の何かを確実に変えた。

宇山先輩のように考えている人たちはまだ社内に多い。僕らがそんな人たちに影響を与えるなんてまだとてもできるような気はしない。

でも今、僕は仕事を通して、本当に意味のあると思えることを実現しようとしている。それをしている実感が僕にモチベーションを与えてくれている。いろいろな声はあるが、今進むべき方向に向かっている実感を確かに感じている自分がいた。

しかし、それだけでは、変えるパワーにはならない。人を巻き込んでいく力を身につけなければ、そのために伝え届ける力を身につけなければ現実は変わらない。今日この「型」というものに触れたとき、これを身につけたら、自分にも自信とパワーが生まれるかもしれないという期待が心の中で大きくふくらんだ。

〈その後ブラッシュアップされた創太たちの構想、Ｖｅｒ．１〉

①Vision

“林業”から“森で人を幸せにする業”へ

衰退傾向にあった林業が生まれ変わる。自伐型林業という新しい働き方による担い手と、彼らを育成支援する仕組みが生まれている。旧態依然としたシステムは崩れ、自治体も含む共同体が新たなエコシステムとして機能。木を使いたい人と、木を提供したい人のニーズをより多様にマッチさせていくシステムがビジネスの可能性を広げている。地球環境や資源、生物多様性なども考えられた取り組みに発展している。

③Happy

■担い手
　充実した働き方
　意義のある仕事
　新しいビジネス創出
■使い手
　価値を感じるモノ
　価値を感じる空間
　価値を感じる体験
■地球
　環境・資源に好影響
　ＳＤＧsに寄与
　エコロジーへの関心

新たな林業生態系ビジネスモデル Ver 1.

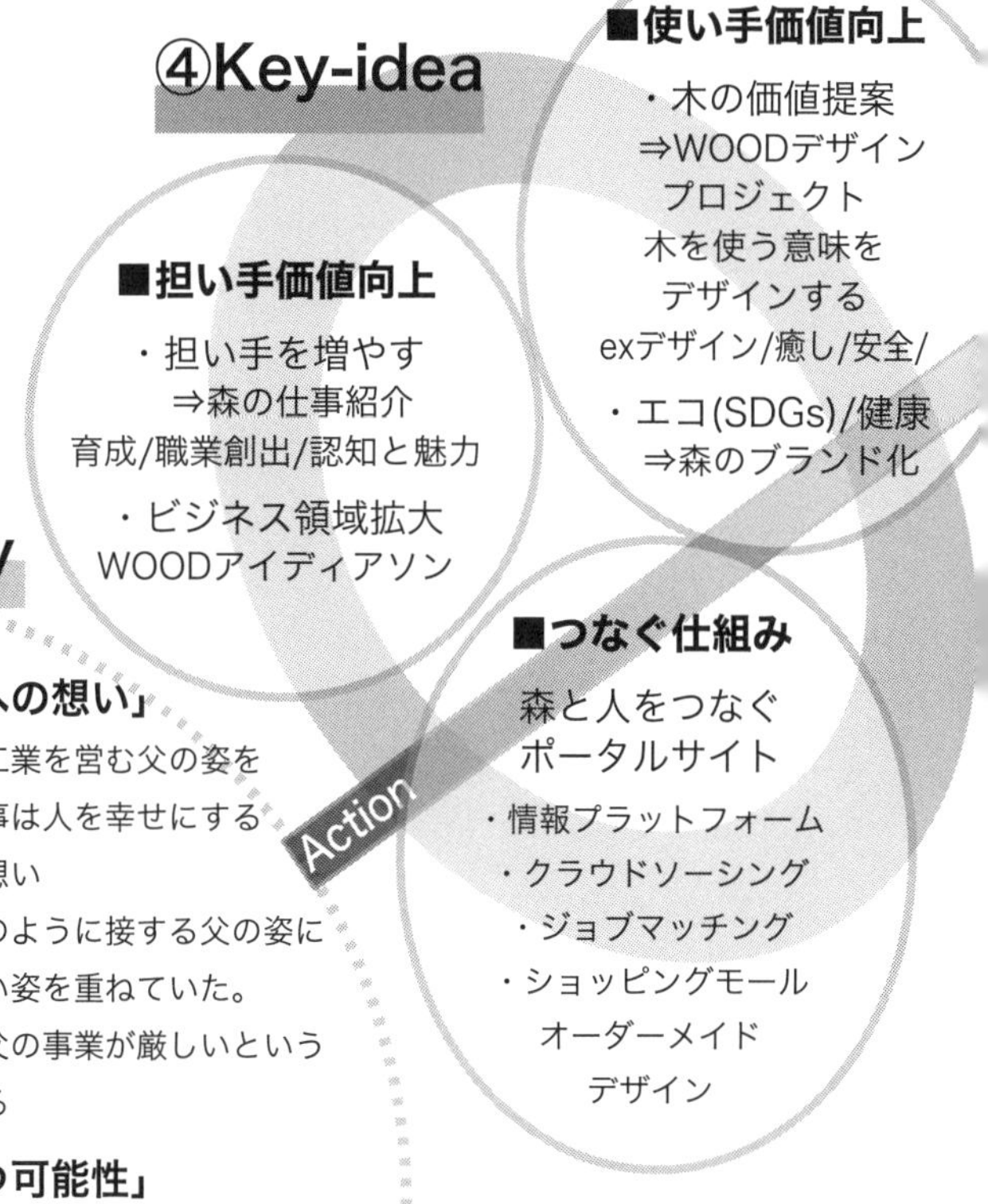
④Key-idea
■使い手価値向上
・木の価値提案
⇒WOODデザイン
プロジェクト
木を使う意味を
デザインする
exデザイン/癒し/安全/
・エコ(SDGs)/健康
⇒森のブランド化
■担い手価値向上
・担い手を増やす
⇒森の仕事紹介
育成/職業創出/認知と魅力
・ビジネス領域拡大
WOODアイディアソン
■つなぐ仕組み
森と人をつなぐ
ポータルサイト
・情報プラットフォーム
・クラウドソーシング
・ジョブマッチング
・ショッピングモール
オーダーメイド
デザイン
Action

②Why

「父の事業への想い」

林業と材木加工業を営む父の姿を見て育つ「仕事は人を幸せにするもの」という想い
従業員と家族のように接する父の姿に自分のありたい姿を重ねていた。
しかしそんな父の事業が厳しいという現状に直面する

「林業の持つ可能性」

父の事業が厳しいという現状。それは日本の持つ林業の構造があまりに旧態依然としていることに起因していると考える可能性がたくさんあるのに、それが眠ってしまっているこの構造を変えることができれば、父の事業だけではなく、多くの林業に携わる人にとって、そしてそこから生まれる価値を享受する人や地球にとっての幸せにつながる。

規矩《きく》作法　守りつくして　破るとも
離るるとても　本を忘るな

千利休

提案を物語にする4つの型

3人の新規事業案を聞いた伊川は、「アイデアがいっぱいあって面白いんだけど、まだ今ひとつイメージがつかみにくいんだよな〜」という言葉を発します。

素晴らしいアイデアが日の目を見ないことはよくあります。そのほうが形になるより圧倒的に多いと思います。私も仕事柄たくさんのプレゼンテーションを聞きながら、伊川と同じように思うことがよくあります。

惜しいプレゼンテーションには2つの傾向があります。

1つは思いやアイデアに溢れているが、話の筋が見えず何を言っているかわからないというもの。もう1つは、とてもロジカルで話の筋はよくわかるけれど、思いが伝わらず聞いていていてワクワクしないというものです。

思いとロジックが両立するプレゼンができたら、あなたが実現したいことを実現させる確率はグッと高まることは間違いありません。そして、伝えることが楽しくなっていきます。

この**思いとロジックを両立させるのが「型」＝ビジョン・フレームです。**この「型」はインサイドアウトから生まれたビジョンの種やアイデアの断片を、広げて、まとめて1つの構想を構成し、提案を物語にしていくのに非常に有効なツールです（126ページ）。

物語の中では、伊川はこの「型」を使いながら問いかけ、創太たちの構想を整理していきました。この型は4つの要素で構成されています。

①未来
②今なぜ
③価値
④どうする

「①未来」とは、自分が創り出したいと思っている状態（＝Vision）です。「その提案の先にどんな未来が生まれる可能性があるか？」というイメージです。

「②今なぜ」とは、その未来をつくりたい思いや、つくる必然性（＝Why）です。

「③価値」はそのビジョンが実現すると、「誰がどう喜び、どんな問題が解決し、何がどうよくなっているのか？」、つまり「生まれる価値（＝Happy）は何か？」ということです。

そして最後の「④どうする」は、「その未来の実現のために何をするのか？」「その実現のカギ（＝Key-idea）はなんなのか？」です。

①未来 Vision

創りたい出したい状態
望ましいと思う未来

あなたが創りたい世界、望ましいと
思う未来はどんな状態ですか？
何がどんな状態に変わってほしいですか？
そのビジョンのイメージを
象徴するフレーズは
なんですか？

ほかにはない
ユニークな方法が
とれるとしたら、
それはなんですか？

ビジョンを実現
させるために、
どんな方法 (行動)
が必要ですか？

③価値 Happy

そのビジョンが
実現することによって
ハッピーになる
人、組織、社会

そのビジョンの実現に
よって、誰がどうハッピー
になっていますか？
何がどうよくなって
いますか？
具体的に生まれる
価値はなんですか？

ビジョン・フレーム

④どうする Key-idea

ビジョンが実現するためのカギとなるアイデア

ビジョンが実現するための方法(行動)

そのビジョンを実現のために、何よりも大事な要素(それが欠けたら実現しない要素)=カギはなんですか?

②今なぜ Why

そのビジョンをどうしても実現したい理由
あなたが変えたい、変わってほしいと思う現状
そのビジョンを実現させる必然性

あなたは、なぜそのビジョンを
実現したいのでしょうか?
そのきっかけとなる体験はなんですか?
あなたがこだわりたいこと、
大事にしたいこと、
なんとかしたいことはなんでしょうか?

1枚で十分に伝わる

伝えるときは「①未来、②今なぜ、③価値、④どうする（または①②④③）」という流れで語ることで、思いとロジックが両立した構成が生まれます。これが話の筋になるのです。

話の筋がしっかりしていると人はその話を理解できます。

理解が関心を生み、関心が共感や違和感を生み、共感や違和感が質疑を生み、その提案がブラッシュアップされていくのです。そうなればもうその提案はあなただけのものではなくなり、相手も一緒に考えたくなる物語に変わります。

逆に筋がしっかりしていないと理解できず、それが興味や関心を失わせ「何を言っているかわからない」という反応になってしまうのです。

単に箇条書きで書くより、この「型」で描くことで、話の構造が〝見える化〟されます。

構造が見えると人の理解は進み、同時にアイデアも湧きやすくなります。

こうしてブラッシュアップしていく中で、自分も相手もよりその提案をする意味を感じられるようになっていく。言うなればこの「型」は提案の「意味」を増幅させてくれる装置でもあるのです。

私が企業などで行うビジョナリー・プレゼンテーション研修では、パワーポイントを使ったスライドづくりではなく、このビジョン・フレームで構想を整理し語ってもらいます。まず大事なのはスライドではなく、あなたの中にあるイメージをしっかりと構成することです。それができればスライドがなくとも、この1枚で十分伝わります。

この章の最後に、ビジョン・フレームのケース別の記入イメージを載せておきますので、ぜひ参考にしながら自分のビジョン・フレームを書いてみてください。

私は、基本的にビジョンは自由にのびのび語ればいいと思っています。それが最もその人らしいと思います。しかし、語り慣れていない人は、「自由に語れ」と言われると途端にどうしていいかわからなくなります。「型」を身につけることで、迷いや不安から解放され、逆に自由になれるのです。

型を使う3つのメリット

「型」を使うことには大きく3つのメリットがあります。

1つ目のメリットは**「描けるようになる」**ことです。自分が実現したいことに相手を巻き込むために伝えるべきことはこの4つで基本的に網羅しています。シンプルにこの4つを洗い出せばよいので、構成に迷う必要がなくなります。非常に便利です。

この4つの要素1つ1つに対し、自分に問いながら整理することによって、基本構想ができ上がります。あとは全体の構成のバランスを見ながら、1つ1つの要素の中をブラッシュアップし、話を広げていけばよいのです。

2つ目のメリットは**「語れるようになる」**ことです。ビジョナリー・プレゼンテーション研修では5分間のプレゼンをしてもらうのですが、最初に「いつものプレゼン」をしてもらうと、大半の方が大幅に超過します。しかも、冒頭から大半の時間を本題ではなく、その提案の背景を語ることに当てています。

「なぜ背景から語るのですか?」と聞くと、「提案しようとすることの裏づけをしっかり話してから本題を話そうとしている」と異口同音におっしゃるのです。

しかし、提案の本題を知らない状態の相手(聞き手)は、最初に背景を語られてもほとんどピンときません。提案の説得力を増すための裏づけとして、背景を語っているのに、それが聞いてもらえない、伝わらないというジレンマに陥るのです。

この型を使うと、まず最初にビジョンを語り、その次に、ビジョンを実現したいという思いや必然性を語ります。この思いや必然性が「背景」に当たるのですが、冒頭に実現したい理想の状態を語っているので、聞いている側は興味を引きつけられた状態で聞いてくれるのです。

そして3つ目のメリットは**「問う力が高まる」**ことです。提案をするときに、その相手に事前にヒアリングをすることは多いと思います。その際にこのフレームに沿って質問をすることで、相手が真に望むことを引き出すことができるのです。伊川が3人に対して行ったのはまさにこの型を使った問いかけでした。

人は自分が本当に望むことや必要なことを常に整理できているとは限りません。むしろ整理できていないことのほうが多いのではないでしょうか。また、直接的に言っていることの裏に実は言葉にできていない真意が隠れていたりします。

この型を使うことで、あなたの「問う力」を高め、相手の真意を引き出し、言語化してもらい、整理していくことができます。

この型に沿って問いながら、抽象的な答えであれば「具体的には？」と問い、もう少し深く掘ったり、広げたいと感じたら「なぜそう思うんですか？」「もう少し詳しく聞かせていただいてもよいですか？」「ほかにありますか？」と問いを重ねて対話を進めていくことで相手の中にあるイメージを引き出していくのです。

未来＝Vision

では、1つ1つの要素をもう少し詳しく見ていきましょう。まず「未来＝Vision」です。

ビジョンの語源はラテン語の「Videre（見る）」に由来します。ビジョンとは、「そうなったら望ましいと思うイメージ」です。多くの人が望ましいと思えば、それは共感されるビジョンになります。企業などで使うビジョンは、自らのありたい姿であったり、世の中に実現したいイメージとして使われます。

ビジョンが実現するために絶対に欠かせない2つの条件があります。

1つはまずそれを語る人が本心から「それが実現したら素晴らしい」と思っているということ。そしてもう1つは、それに共感する人が現れ、「みんなのビジョン」へと変化していくということです。つまり、**そのビジョンの実現を望む人が増えていく**ということです。

人は、自分が望んでいる状態を実はよくわかっていないものです。その望ましいイメージが目の前に提示されたときに初めて「そうそう、それこそ私が望んでいる姿だ！」という気づきとワクワク感が生まれるのです。

「こんな状況が生み出せたら素晴らしい！」「これが創り出せたら本望だ！」と思うことをビジョンに掲げたとき、その実現のために何かを変えること、新しいことを取り入れること、試行錯誤することは、楽しみにすらなってきます。

インサイドアウトを起点に、これが実現したら本当に素晴らしいといえるイメージがアウトサイドイン、つまりほかの人の求めることと重なったとき、そのイメージは「自分も相手もそれをしたくなる物語」の象徴的なシーンになります。

シフト（変化）をイメージする

描くのが難しいと感じたら、まずは、自分が変えたい、または変わってほしいと思うことをイメージしてみてください。「こんな状況は嫌だ！」とか「これおかしいよね！」というのは現状なので、イメージしやすいものです。そして、それがどんな風に変わってほしいかを考えてみてください。「嫌な状況がなくなって、その代わりに何があるのか？」――その変化したあとの状態がまさにビジョンのイメージです。これが「シフト（変化）をイメージする」というアプローチです。

私が好きなビジョンに「貧困は博物館へ」というものがあります。これはノーベル平和賞を受賞したグラミン銀行の総裁ムハマド・ユヌス氏が語るビジョンです。彼は「マイクロ・クレジット」という方法を「Key-idea（どうする）」として、世界から貧困をなくそうと活動しています。「未来の世界には貧困というものはすでに存在せず、博物館に行かなければ見ることができない」――そんなイメージがその言葉にはこめられています。

ビジョンの言葉とは、「変化の先に生まれる理想的なイメージの象徴」が言語化されたものなのです。

イメージを豊かにするオノマトペ

物語の中で3人は、オノマトペでイメージを広げてみるといったことをやりました。

オノマトペとはフランス語（onomatope）で、擬音語や擬態語を表す言葉です。

伊川も言っていたようにオノマトペは、イメージの中にあるエネルギーを残している言葉です。たとえば、「よく冷えたビールをおいしそうに飲む」と「キンキンに冷えたビールをグビグビ飲む」を比較すると後者のほうが臨場感が伝わってきませんか？

オノマトペは、思考ではなく感覚的、身体的な言葉です。実際にオノマトペを使うと身体感覚をつかさどる小脳が活性化されます。オノマトペ研究家の藤野良孝氏は、オノマトペの特性を活かしてスポーツの分野でパフォーマンスの向上やトレーニングの効果を高めたり、勉強の効果を高めたり、子育て・人間関係などにも効果をもたらすなど、その効用を説いています。

ここでは、ストーリーの中で3人が行ったワークの手順をもう少し詳しくご紹介したいと思います。

このワークは、**オノマトペを使ってビジョンが実現したときのイメージを広げる**ことが目的です。「なんかこんな感じになったらいいな！」とか「そうそう、こんな感じ！」というイメージが広がり、それを語るキーワードがいろいろ出てきたらOKです。

大事なことは、「ゆるむ」こと、そして「楽しむ」ことです。思考を少しゆるめて、肩の力を抜いて、遊び感覚で気楽に試してみてください。休息や余暇を表すRe-Creation（レクリエーション）という言葉はRe（＝何度も繰り返し）とCreation（＝創造）の組み合わせで成り立っています。そう、創造しつづけるためには、ゆるむ、遊ぶ、そして休むが大事なんです。

オノマトペワーク（3～5人くらい）

・まずこれが実現できたら本望だと思うことを挙げてみてください。キーワードでも文章でもけっこうです。それに関連した「そうなったらいいなと思うシーン」をイメージしてみてください。

何が見えて、何が聞こえますか？
どこにいて、何をしていますか？
誰がいて、どんな表情をしていますか？
どんなセリフが語られ、どんな感情を感じていますか？

・そのシーンを、オノマトペ3つで表してみてください。そして二重丸の内側の円に書いてみてください。（浮かびづらい場合は、オノマトペリストを用意して、そこから選ぶというやり方もおススメです）……①

・そのオノマトペから連想されることを二重丸の外側の円に書いてみてください……②
言葉でも文章でも絵でもなんでもかまいません。

・それをほかの人に説明してみてください。その際オノマトペは感情をこめて声に出してください（説明的ではなくイメージした音やリズムで表現することが大事です）。

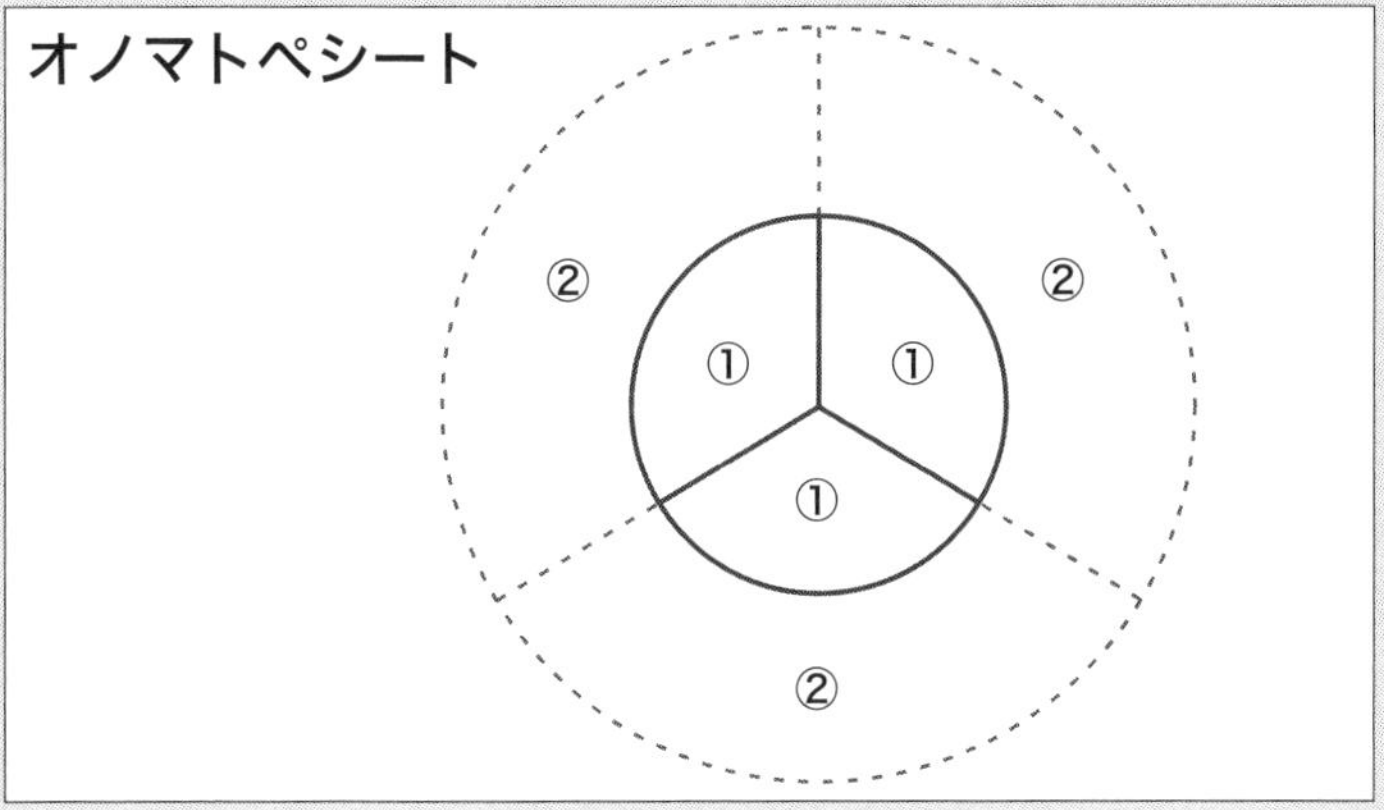

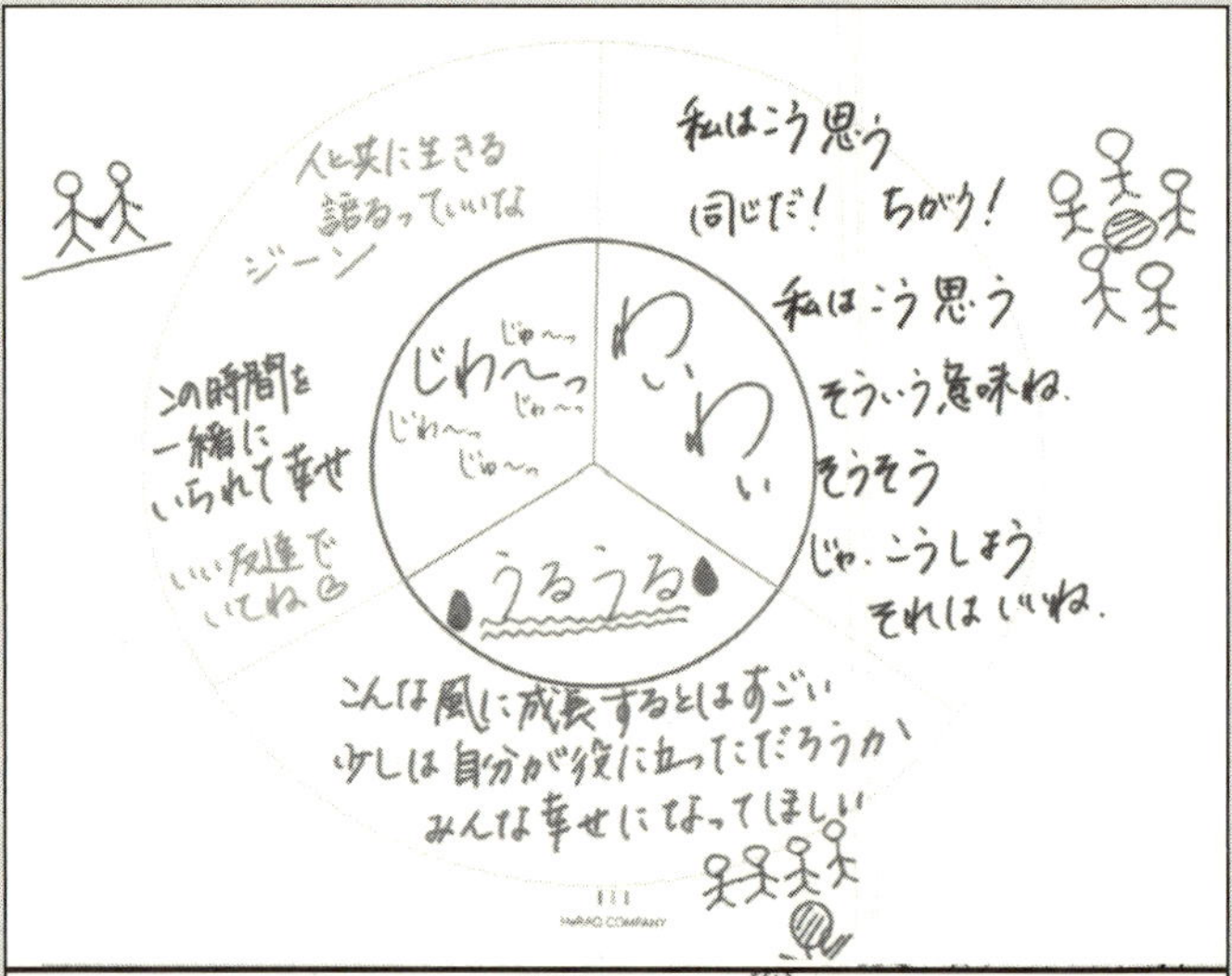
人と共に生きる
語るっていいな
ジーン
この時間を
一緒に
いられて幸せ
いい友達で
いてね
じわ〜っ
じゅ〜っ
じゅ〜っ
じわ〜っ
じゅ〜っ
わいわい
うるうる
私はこう思う
同じだ！　ちがう！
私はこう思う
そういう意味ね。
そうそう
じゃ、こうしよう
それはいいね。
こんな風に成長するとはすごい
少しは自分が役に立っただろうか
みんな幸せになってほしい
HeRAQ COMPANY

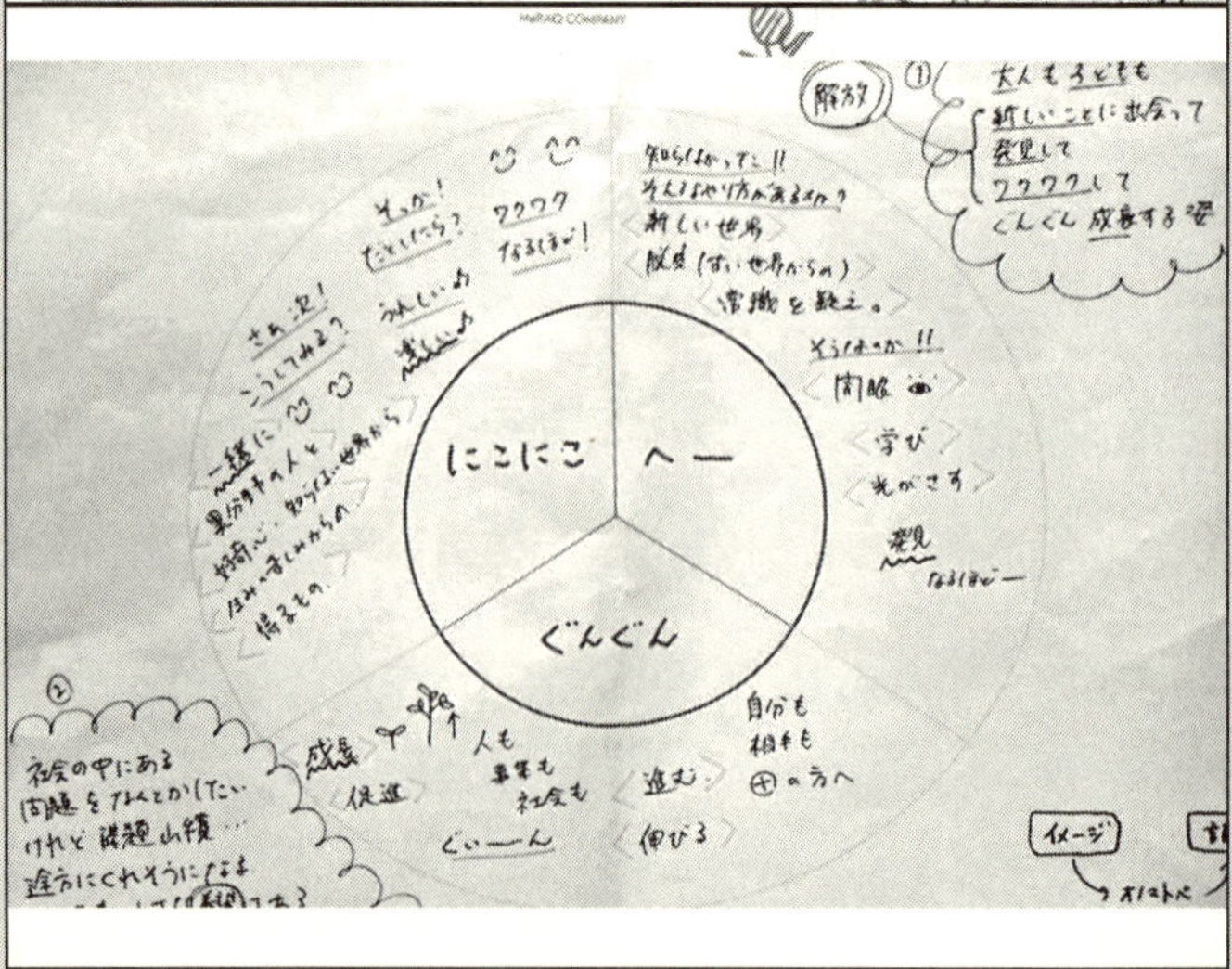
HeRAQ COMPANY
解放
①
大人も子どもも
新しいことに出会って
発見して
ワクワクして
ぐんぐん成長する姿
にこにこ
へー
ぐんぐん
ワクワク
なるほど！
うれしい♪
楽しい♪
知らなかった!!
新しい世界
常識を越え。
そうなのか!!
開眼
学び
光がさす
発見
なるほど一
一緒に
②
社会の中にある
問題をなんとかしたい
けれど課題山積…
成長
促進
人も
事業も
社会も
ぐい一ん
進む
伸びる
自分も
相手も
⊕の方へ
イメージ
オノマトペ

〈筆者のワークショップで作成されたオノマトペシートの例〉

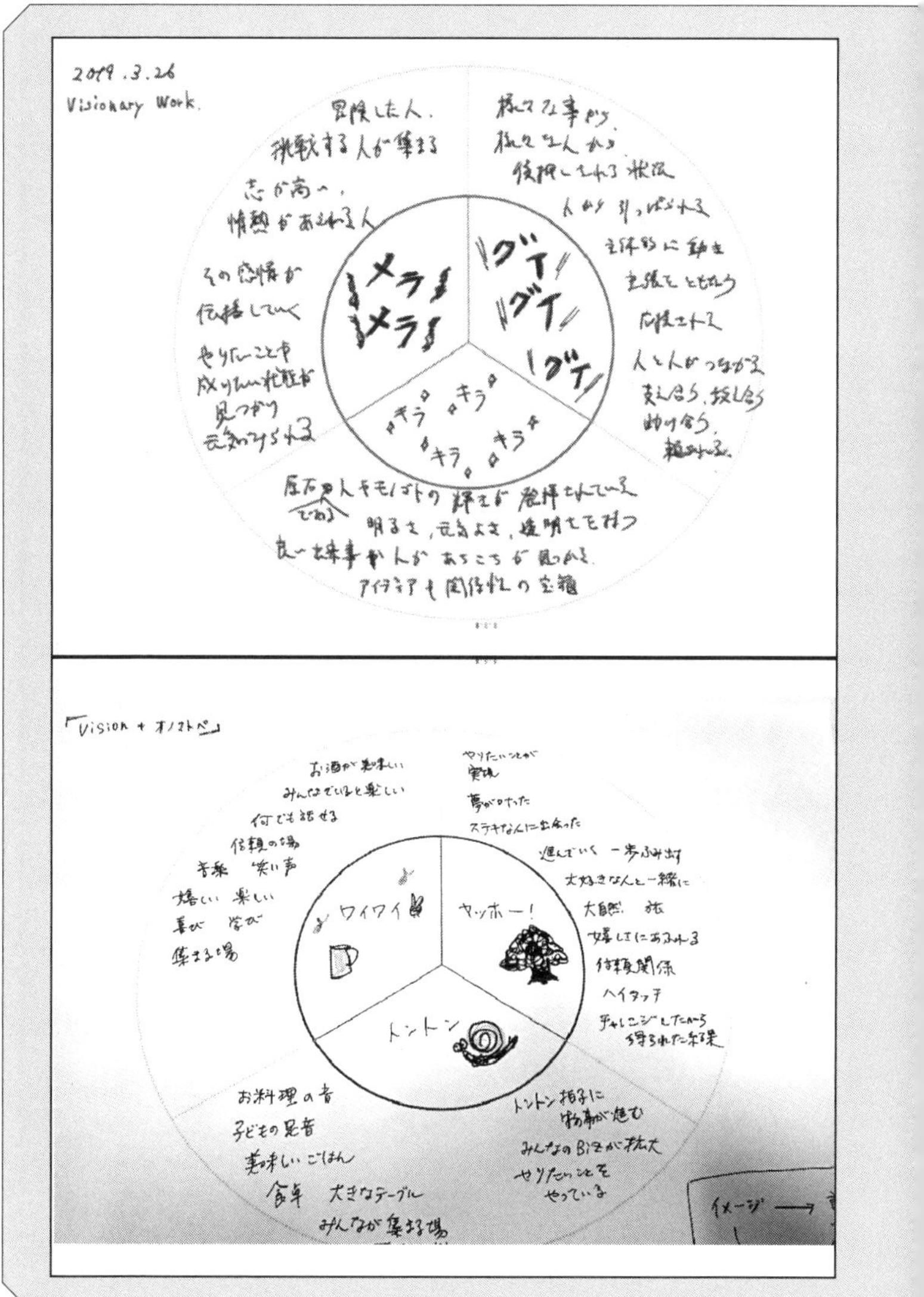

見えていないことを見せる

商品やサービスでの差別化に限界を感じながらも、「どう提案をしていけば相手の心が動き、より強い信頼関係やよい取引につながるのか？」ということで悩まれているセールスパーソンは多いと思います。

私はビジョナリー・プレゼンテーション研修の中で、**「自分たちがかかわることで生まれる望ましいイメージを考え、それをビジョンとして提示してみてください」**とお伝えしています。

ときにクライアント以上に、提案する側のほうが、強みや可能性を感じていることがあります。相手の要望を理解するだけでなく、冷静な外部の人間の目線でも見るからこそ「もっとこうすればいいのに」と見えるものがあります。それをビジョンという形で見せるのです。

そのビジョンに相手が共感すると、「それをどう実現しようか？」ということに焦点が当たります。「このビジョン実現のためにはもっとこうできないか？」という対話が生まれます。これが新たな商品やサービス提案の糸口になっていくのです。

自分の洞察によって、クライアントが見えていないものを提示して、結果「それは面白い！」とか「それは気づかなかった！」と言ってもらえる——そんなことを想像しながら考えていくことは、あなたに喜びや楽しさをもたらしてくれるはずです。その提案によって、相手の可能性を開花させられたら、それはとても意味のあることです。

近江商人の教えを表した商売十訓の中に「無理に売るな、客の好むものも売るな、客のためになるものを売れ」というものがあります。

これは、表面的に相手が望んでいることに応えるのではなく、その相手がまだ自分でも気づいていないが真に望む姿をイメージして、それに近づくような提案をすることが、本当に喜ばれることだと私は解釈しています。

今なぜ＝Why

「なぜそのビジョンを実現したいのか？」という思いと、実現させる必然性。これが「今なぜ＝Why」です。

「思い」とは、極めて個人的で、自分の価値観や原体験などに根ざしたインサイドアウトから生まれるものです。創太が林業ビジネス再生を発案した理由には、厳しい父の事業をなんとかしたいという思いと、父のポリシーであった「仕事を通じて人が幸せになる」という状態を自ら創り出したいという思いがありました。

思いは理屈ではないので、合理性や客観性を欠いていることも多く、それゆえビジネスのシーンでこれを語ることにためらう方も多いと思います。「このビジネスを選んだ理由は父の事業をなんとかしたいからです」と語ることは、自分のワガママ以外のなにものでもないと、特に真面目な創太ならなおさら思うでしょう。

創太でなくとも、私的な感情はビジネスには持ち込まない、または優先しないというポリシーを持っている方も多いと思います。

しかし、この理屈ではない思いこそが、自分の感情とつながっていて、最もモチベーションを高めてくれるものでもあります。強い主体性を生み、困難でもやろうとする理由にもなります。「私にとってそれをする意味」そのものだからです。その人がそれを本当に実現したいという心からの声がにじみ出るとき、聞いた人は共感するのです。

単なる私欲を満たすためでは人は共感しませんが、それがほかの誰かの価値にもつながる可能性があるなら、堂々とこの個人的な思いを語ってほしいと思います。

気づきを生んだひと言

インサイドアウト起点でビジョンを描いた提案の例を1つご紹介します。

私がサポートをしているある企業のセールスパーソンのAさんという方が、あるファミリーレストランチェーンに自社の商品を納入しようと提案を考えていました。その導入メリットをいろいろ考えます。「コストメリットはどうか？」「導入のしやすさは？」「売り上げ貢献の可能性は？」「メニューラインナップの充実は？」「プロモーションは？」――しかし、なかなか納入にはいたりませんでした。

Aさんには5歳の娘さんがいました。一緒にファミリーレストランに行ったときその子が「パパとママはいいな……」と言います。なぜかと聞くと、「大人はいろいろ選べるのに、自分はお子様セットだけで飲み物もオレンジジュースばかりでつまらない」と言ったのです。この一言でハッと気づきます。

自分も子どもの頃に同じように感じたことを。大人の真似をしてお酒を飲む真似をしてお猪口《ちょこ》にジュースを入れたらこぼしまくってテーブルを汚したり、お子様ランチを残したら全部食べろと怒られたり……。これじゃ、子どもはちっとも楽しくないよな……。

そして、子どもが「もう1度行きたい、毎日行きたい」というお店づくりを支援したいという衝動に駆られたのです。どうしたら、子どもが「もう1度行きたい、毎日行きたい」と言えるかをイメージし、そして「自分たちの商品こそ、その状態を実現できる！」と考え、提案をしたのです。

「親子三世代で楽しめるお店」というビジョンを掲げました。この三世代というのは、今の娘が大きくなったとき、その子どもと一緒に来店するという意味です。つまり、子どものときの楽しい体験が、将来「自分の子どもを連れて行きたい」という世代から世代へとつながっていくイメージを言語化したものでした。

結果は見事、納入となり、その際、先方から言われたひと言が「そういう提案を待っていたんです！」というものでした。また、このビジョンを実現するためのアイデアも共同で生み出していきました。

提案を受けた相手の中に、このレストランで、子どもが喜び、親が喜ぶ姿がありありと浮かび、「自分たちもその状態を見てみたい！」と強い思いを呼び起こしたのでしょう。それは提案が「自分も相手もそれをしたくなる物語」になった瞬間でした。

必然性を生むシリアス・ビジョン

もう1つの「Why（今なぜ）」は「必然性」です。確かにその人の原体験に根ざした思いはとても強いものです。とはいえ、それが相手にとってそれをする意味を感じることにつながらなければ、単なる独りよがりになってしまいます。

提案は「相手にとっての意味」や、相手もそれが大事だと思える「世の中にとっての意味」とつながったときに初めて、実現に近づきます。そういう意味では、それをやる必然性というものが必要になってきます。

この必然性を語るときに1つの重要なキーワードがあります。それが「シリアス・ビジョン」、つまり「そうなってほしくはない、望ましくない未来のイメージ」です。

「こんな素晴らしい未来を実現できる可能性がある。しかし、何もせずこのまま進んだら、望ましくない未来が訪れてしまう可能性が極めて高い」と、シリアスビジョンを語り、そのイメージを共有したとき、この状況を変えなければならないという危機感が生まれ、それがビジョンを実現するために行動する必然性になります。

ただ語るときに「このままだとマズイ」ばかりを強調すると、相手はまるで自分たちが悪いと言われているような気になってしまうので要注意です。「○○がダメだ」というのではなく、「こういう強みがあり、こういう機会があるのに、それを活かさないのはもったいない」というニュアンスで伝えることで、相手が受け入れやすくなります。

「学習する組織」の提唱者で、マサチューセッツ工科大学の上級講師であるピーター・センゲ博士は、その著書『学習する組織』（英治出版）の中でこんな風に語っています。

「創造すること」と「問題を解決すること」の根本的な違いは簡単である。問題を解決する場合、私たちは望んでいないことを取り除こうとする。一方、創造する場合は、本当に大切にしていることを存在させようとする。これ以上に根本的な違いはほとんどない。

問題は数え上げればきりがない。だからこそ「望ましい状態をつくるために必要なことをしよう」というスタンスで、シリアス・ビジョンという可能性にも目を背けず、目指すビジョンに向けて自分や周りをドライブさせていく――これこそが「提案を自分も相手もそれをしたくなる物語」にする大事なスタンスなのです。

価値＝Happy

提案をすることで、ビジョンに近づいていく。そうするとどんな素晴らしいことが生まれる可能性があるのか？　それが「価値＝Happy」です。

これを多様に描くことで、「自分にとって意味がある」と感じてくれる人が増える＝協力者や顧客になってくれる人が増える可能性が高まります。

今回、ストーリーの中で３人は、掲げたビジョンの実現によって生まれる価値を大きく３つの視点で洗い出しました。１つは林業の「担い手」、そこから生まれるものを使う「使い手」、そして「地球」という視点。この３つ目の地球は、地球環境がよくなるという観点はもちろん、そのことに関心を持つ人たちを巻き込むことにもつながります。

また、私がこの価値の部分に「Happy」という言葉を使ったのは、特に「人」というものを意識してほしいと思っているからです。

「ビジョンが実現すると、誰がどうハッピーになるのか？」「その提案で誰のどんな問題が解決し、誰がどんな風に喜んでいるのか？」「どんな言葉が飛び交い、どんな感情を感じているのか？」――これらがイメージできたとき、人は自分が貢献できる可能性を実感できたり、実現を強く望んだりするのです。

企業研修の中でこのビジョン・フレームを書いてもらうと、価値のところが、売り上げ・利益の話であったり、コストダウンの話であったり、生産性の向上であったりと、数値、それも経済価値の部分ばかりが出てくる人がけっこうたくさんいらっしゃいます。

でも、それでは数値改善の状況はわかっても、「誰がどう喜んでいるのか？」「誰が喜び、何がよくなっていくのか？」という実感が湧きません。

数字を語ることに意味がないということではありません。大事なのはその語り方です。いわゆる**「数字を」語るのか、「数字で」語るのか**という違いです。

前者の場合、単に数字そのものを語ります。たとえば、「売り上げはいくらで利益とコストはこれくらい」「顧客数の伸びはどのくらいで」など。一方、後者は、数字が意味することや、伝えたいもの、生まれてほしい望ましいイメージを数字の持つインパクトを使って語ります。

「この会社には長く勤めている人がたくさんいます」と言うのと「10年以上勤めている人が、200人もいます。これは全体の80パーセントで、一般的な企業の3倍にもなります」というのではイメージの湧き方が全然違いますよね。

それを踏まえてある取り組みによって社員の愛着が高まるという価値を「人」にフォーカスし、「数字で」語ると、たとえばこんな感じです。

「以前、勤続20年の○○さんと話したときに、〝本当に大変なことも、つらいこともたくさんあったけど、私この会社が嫌いになったことは1度もないんですよ〟と笑顔で語る彼女のひと言が本当に印象的でした。この会社では10年以上勤めている人が、200人います。これは全体の80パーセントで、なんと一般的な企業の3倍にもなります。ただの200人ではありません。○○さんのような思いを持った200人です。◇◇という取り組みは、こんな○○さんのような方々を増やしていくことにつながるのです」

人の心を動かすのは「数字」ではなく「人」です。数字そのものではなく、その数字によって生まれることや、その数字が示す意味に心が動くのだということを意識して語ることが大事なのです。

どうする＝Key-idea

「どうする＝Key-idea」とは、ビジョンを形にするための具体的な方法やカギとなる要素、アイデアのことです。「なぜこの方法やアイデアがビジョン実現につながると言えるのか？」というロジックをしっかりとつくることで提案の説得力が生まれます。

このロジックをつくるのに有効なのが、「バックキャスト」という考え方です。**未来＝ビジョンを起点に、それが実現した状態から逆算して何が必要なのかを洗い出していく。**それがバックキャストです。

現状からの積み上げで考えることを「フォアキャスト」といいます。このフォアキャストは、現状を変えることにフォーカスするため、どうしても現状の延長線上で考えてしまいがちです。

一方でバックキャストは未来の理想の状態から考えるので、発想がよい意味で飛躍します。これがアイデアをユニークにするのです。第1章でもお伝えしたビジョン起点からアクションを考えるというのがまさにこれです。

「何がその理想の状態をつくり出すためのカギなのか？」と問い、出てきた答えに対して「本当にそうか？」「どうしたらできる？」と問いを重ねて、その理想の状態になるために欠かせない重要な要素（行動・方法・人……etc.）を考えていくのです。これが「深く問う」ということです。

こうしたバックキャストで考えるときの、問いのコツがあります。「理想の状態の直前には何が起きていますか？」という問いから始めるのです。そしてそれに続けて、「ではその前には何が起きていますか？」と繰り返して現状に戻ってきます。そうすると、自然と未来までのステップが生まれます。ステップの数はビジョンの大きさにもよりますが、2〜3段階くらいがよいでしょう。

また、「Key-idea」を考えていく際、カギとなる要素を3つにまとめるということも有効です。ストーリーの中で3人が伊川とのやり取りを通して、「Key-idea」を「担い手価値向上」「使い手価値向上」「つなぐ仕組み」という3つにまとめていきました。

これらの要素は、Key-idea のコンセプト＝アイデアの軸になります。

たとえば、「会議が活性化している状態」が理想だとして、その状態をイメージしたときに「参加者が楽んでいる」「明確でわかりやすい」「心地よい空間」などがカギとするならば、コンセプトは「楽しめる方法」「明確さ」「心地よい空間」となり、必要なのは「会議を楽しくするためのアイデア」や「会議をわかりやすくするためのアイデア」、「心地よい空間にするためのアイデア」になります。

これは正解を探すのではなく、ビジョン＝理想の状態のイメージに基づいて「どういう状態を望んでいるのか？」というところから選択していくという感覚です。

アイデアを出してそれを分類しながら3つにまとめていくという帰納法的なアプローチと、3つのキーワードからアイデアを広げていくという演繹的なアプローチとがあります。前者はアイデアの整理に、後者はアイデアの発散に有効です。

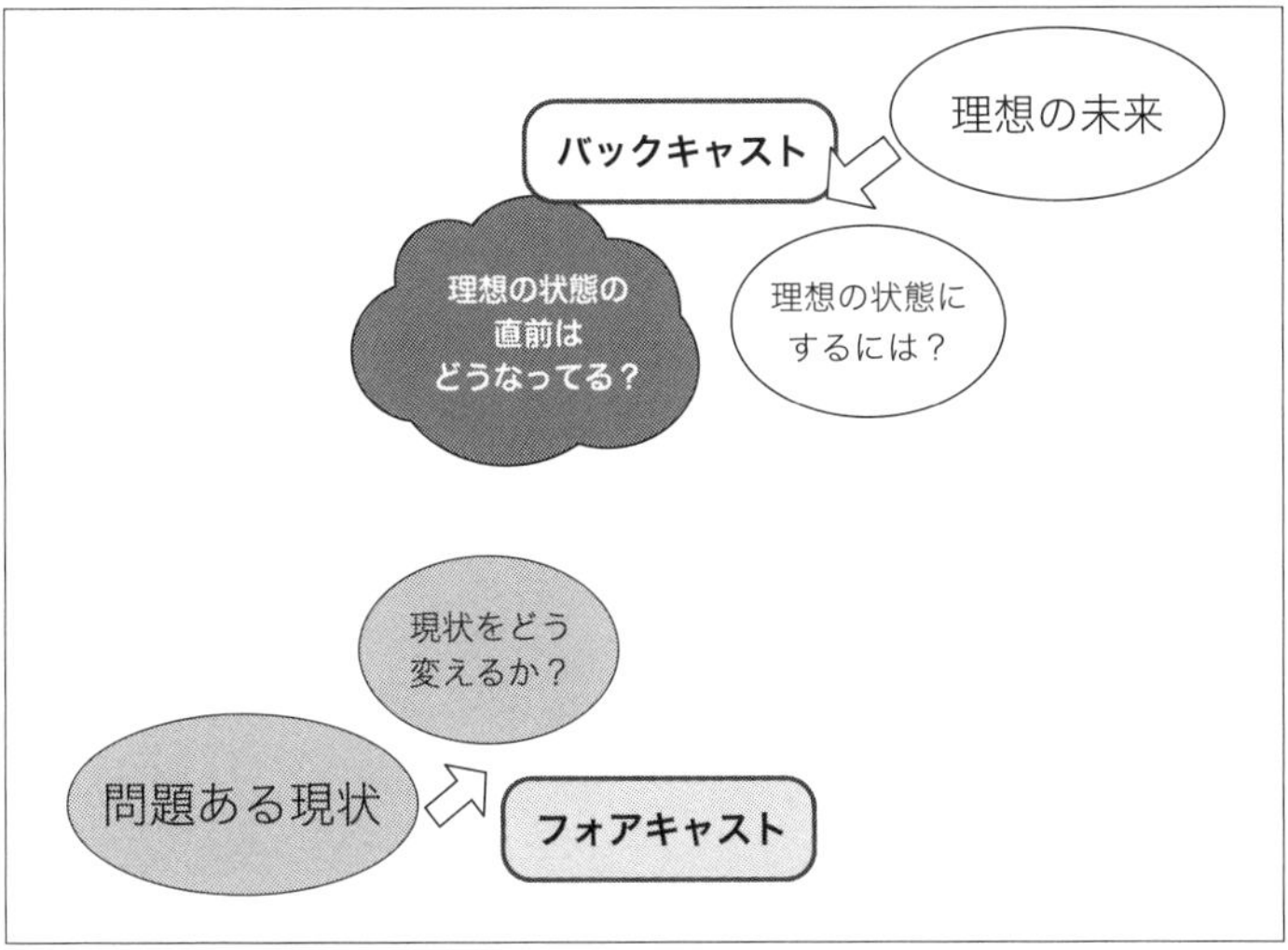

これは編集をする際の思考法の1つ「三位一体」というものを応用した方法です。編集工学研究所の所長の松岡正剛氏が校長を務める「イシス編集学校」で、編集の基本的な道具の1つとして学んだものですが、アイデアをまとめたり発想を広げる際にとても有効な方法なので、ぜひ活用してみてください。

第2章まとめ

◆思いとロジックを両立させるビジョン・フレーム＝「型」は、「未来＝Vision」「今なぜ＝Why」「価値＝Happy」「どうする＝Key-idea」の4つでできている。

「未来＝Vision」…自分が創り出したいと思っている未来の状態
「今なぜ＝Why」…その未来をつくりたい思いや、つくる必然性
「価値＝Happy」…ビジョンが実現すると生まれる価値
「どうする＝Key-idea」…ビジョンを実現する方法やカギとなるアイデア

◆「型」を使うと「話の筋」ができて相手が理解できるようになる。

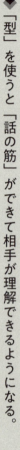

◆理解が関心を生み、関心が共感や違和感を生み、共感や違和感が質疑を生み、その提案がブラッシュアップされていく。

◆「型」を使うことには、「描けるようになる」「語れるようになる」「問う力が高まる」という3つのメリットがある。

◆ビジョンとはゴールではなく状態。到達目標ではなく「そういう状態でありたい」という姿であり、ビジョンを表す言葉とは「変化の先に生まれる理想的なイメージの象徴」が言語化されたもの。

◆その人がそれを本当に実現したいという心からの声がにじみ出るからこそ、聞いた人は共感をする。

◆未来＝Visionを起点に、それが実現した状態から逆算して何が必要なのかを洗い出していく「バックキャスト」がアイデアをユニークにする視点や発想を生む。

ビジョン・フレームの例①

営業シーン

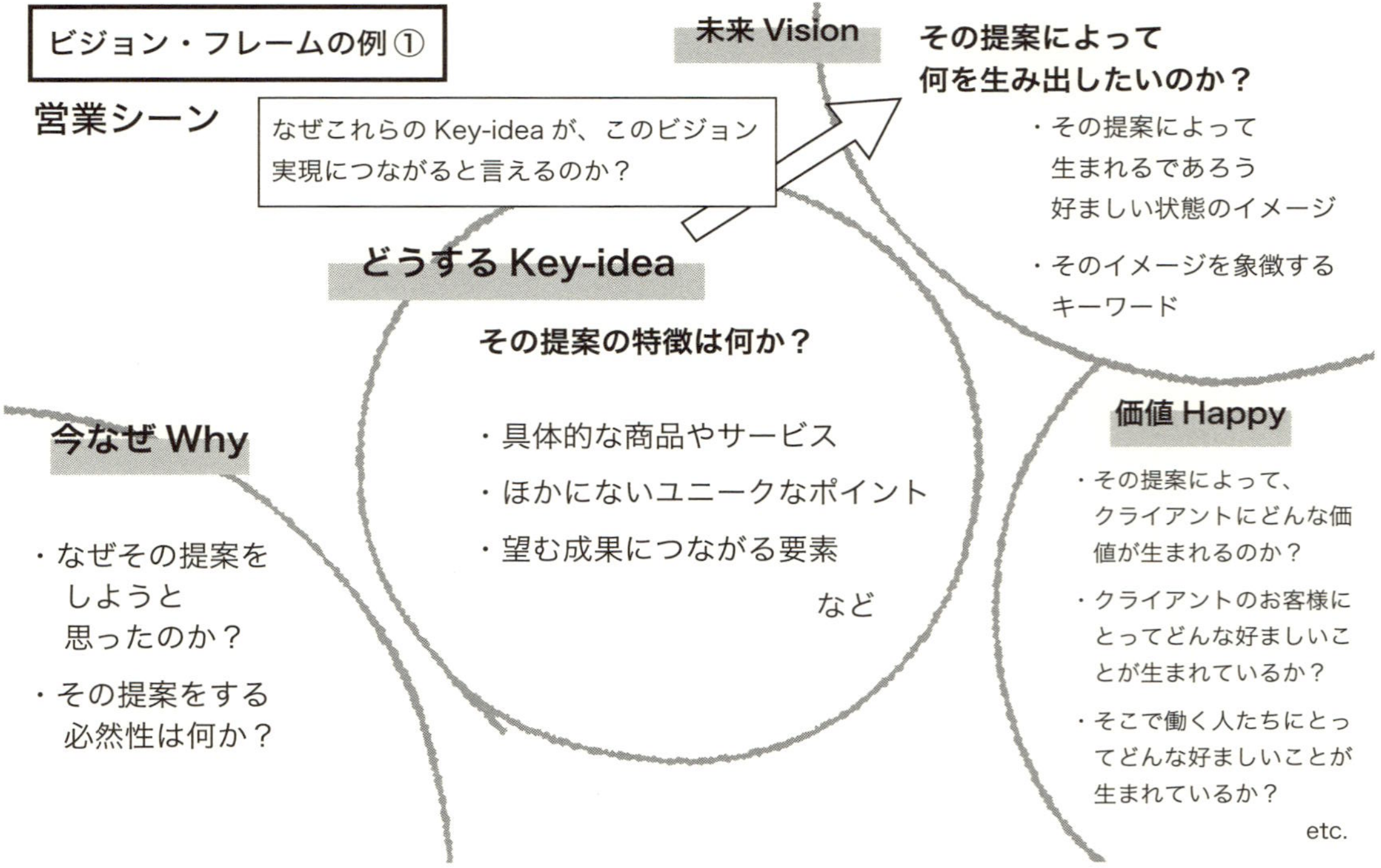
なぜこれらのKey-ideaが、このビジョン実現につながると言えるのか？
未来 Vision
その提案によって何を生み出したいのか？
・その提案によって生まれるであろう好ましい状態のイメージ
・そのイメージを象徴するキーワード
どうする Key-idea
その提案の特徴は何か？
・具体的な商品やサービス
・ほかにないユニークなポイント
・望む成果につながる要素
など
今なぜ Why
・なぜその提案をしようと思ったのか？
・その提案をする必然性は何か？
価値 Happy
・その提案によって、クライアントにどんな価値が生まれるのか？
・クライアントのお客様にとってどんな好ましいことが生まれているか？
・そこで働く人たちにとってどんな好ましいことが生まれているか？
etc.

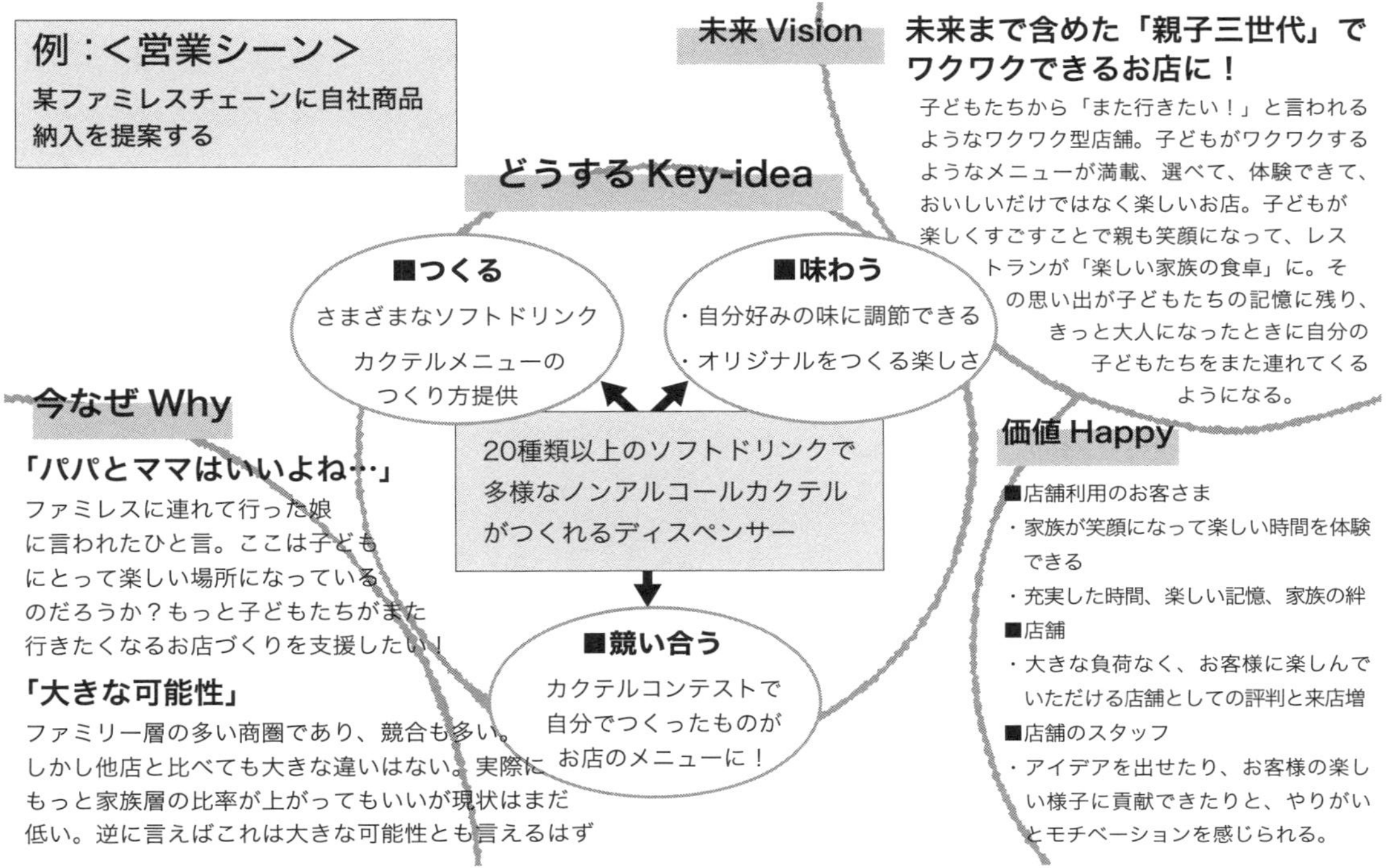
例：＜営業シーン＞
某ファミレスチェーンに自社商品納入を提案する
未来 Vision
未来まで含めた「親子三世代」でワクワクできるお店に！
子どもたちから「また行きたい！」と言われるようなワクワク型店舗。子どもがワクワクするようなメニューが満載、選べて、体験できて、おいしいだけではなく楽しいお店。子どもが楽しくすごすことで親も笑顔になって、レストランが「楽しい家族の食卓」に。その思い出が子どもたちの記憶に残り、きっと大人になったときに自分の子どもたちをまた連れてくるようになる。
どうする Key-idea
■つくる
さまざまなソフトドリンクカクテルメニューのつくり方提供
■味わう
・自分好みの味に調節できる
・オリジナルをつくる楽しさ
20種類以上のソフトドリンクで多様なノンアルコールカクテルがつくれるディスペンサー
■競い合う
カクテルコンテストで自分でつくったものがお店のメニューに！
今なぜ Why
「パパとママはいいよね…」
ファミレスに連れて行った娘に言われたひと言。ここは子どもにとって楽しい場所になっているのだろうか？もっと子どもたちがまた行きたくなるお店づくりを支援したい！
「大きな可能性」
ファミリー層の多い商圏であり、競合も多い。しかし他店と比べても大きな違いはない。実際にもっと家族層の比率が上がってもいいが現状はまだ低い。逆に言えばこれは大きな可能性とも言えるはず
価値 Happy
■店舗利用のお客さま
・家族が笑顔になって楽しい時間を体験できる
・充実した時間、楽しい記憶、家族の絆
■店舗
・大きな負荷なく、お客様に楽しんでいただける店舗としての評判と来店増
■店舗のスタッフ
・アイデアを出せたり、お客様の楽しい様子に貢献できたりと、やりがいとモチベーションを感じられる。

ビジョン・フレームの例②

チームづくり

なぜこれらのKey-ideaが、このビジョン実現につながると言えるのか？

今なぜ Why

なぜ、ビジョンに
描いたような
チームを
つくりたいのか？

どうする Key-idea

ビジョンで描いたようなチームになるために必要なことは？

・チームでの取り組み内容
・取り組み姿勢（大切な価値観）
・チームで大切にしたい行動

など

未来 Vision

どんなチームでありたいか？

・チームはどんな状態になっているのか？(雰囲気・成果・モチベーションなど)
・そのイメージを象徴するキーワード

価値 Happy

ビジョンで描いたようなチームになることで生まれる価値は？

・チームメンバーにとっての価値は？
・チームが価値を提供する相手にとっての価値は？
・そのチームが好影響を与える可能性は？

etc.

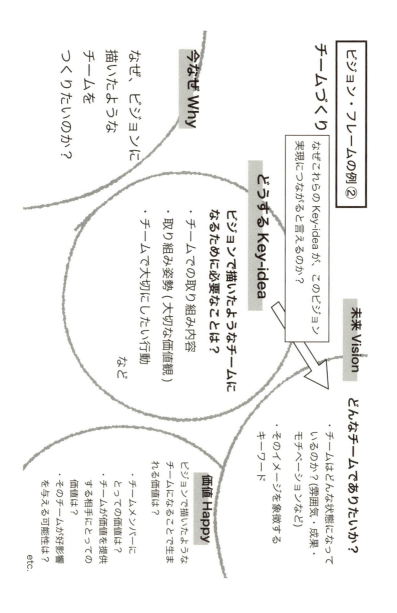

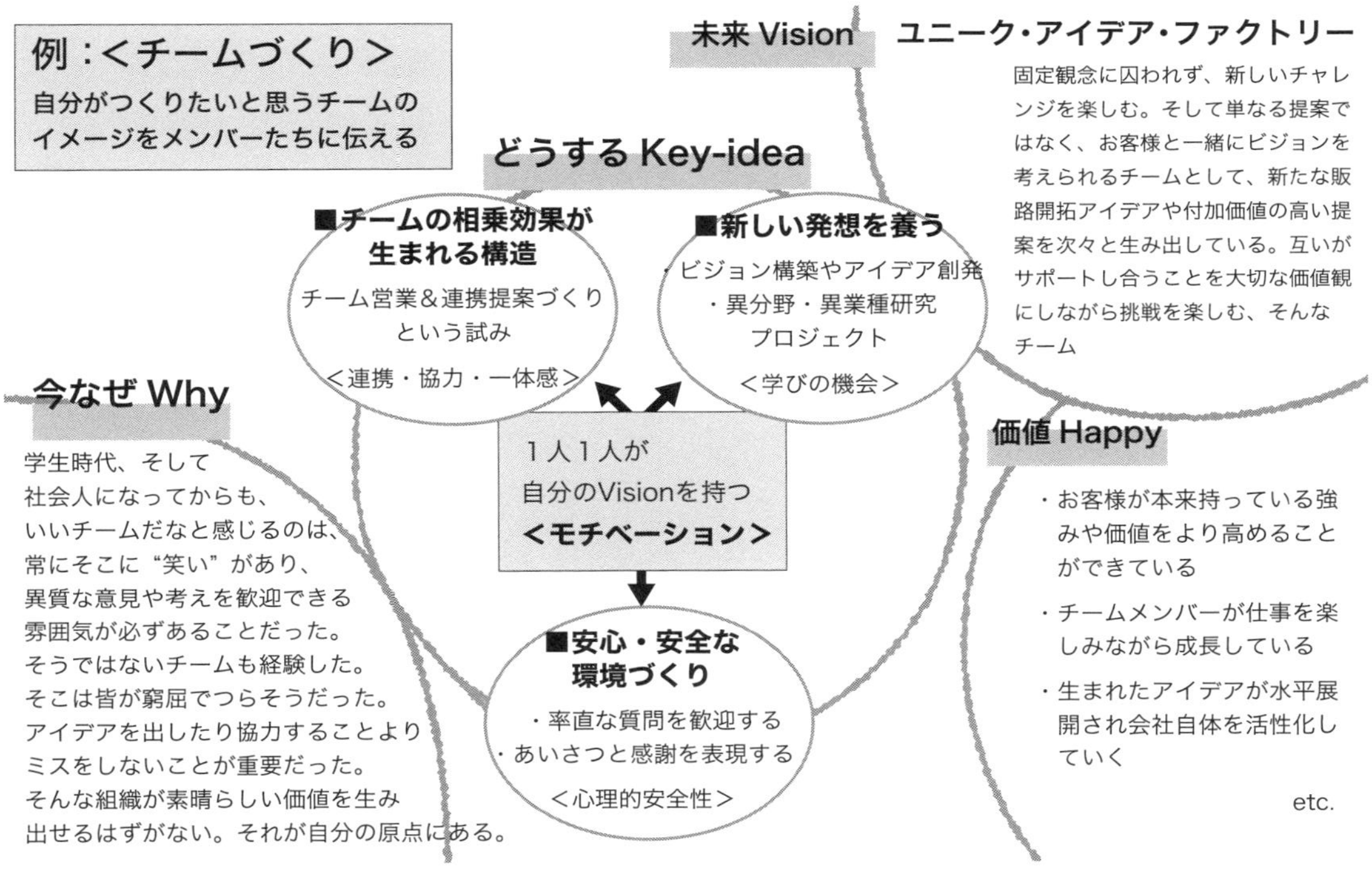
例：＜チームづくり＞
自分がつくりたいと思うチームのイメージをメンバーたちに伝える
未来 Vision
ユニーク・アイデア・ファクトリー
固定観念に囚われず、新しいチャレンジを楽しむ。そして単なる提案ではなく、お客様と一緒にビジョンを考えられるチームとして、新たな販路開拓アイデアや付加価値の高い提案を次々と生み出している。互いがサポートし合うことを大切な価値観にしながら挑戦を楽しむ、そんなチーム
どうする Key-idea
■チームの相乗効果が生まれる構造
チーム営業＆連携提案づくりという試み
＜連携・協力・一体感＞
■新しい発想を養う
・ビジョン構築やアイデア創発
・異分野・異業種研究プロジェクト
＜学びの機会＞
1人1人が自分のVisionを持つ
＜モチベーション＞
■安心・安全な環境づくり
・率直な質問を歓迎する
・あいさつと感謝を表現する
＜心理的安全性＞
今なぜ Why
学生時代、そして社会人になってからも、いいチームだなと感じるのは、常にそこに“笑い”があり、異質な意見や考えを歓迎できる雰囲気が必ずあることだった。そうではないチームも経験した。そこは皆が窮屈でつらそうだった。アイデアを出したり協力することよりミスをしないことが重要だった。そんな組織が素晴らしい価値を生み出せるはずがない。それが自分の原点にある。
価値 Happy
・お客様が本来持っている強みや価値をより高めることができている
・チームメンバーが仕事を楽しみながら成長している
・生まれたアイデアが水平展開され会社自体を活性化していく
etc.

第3章

〈表現〉提案の「解像度」を上げる物語の5要素

STORY

03 ◆ 父の会社へ

〈7月中旬〉

今日は、本部長報告の日だ。藤崎本部長へは定期的に進捗を報告することになっている。初回に酷評された僕らは、再考した「新しい林業モデル構築（仮称）」案の検討継続にＯＫをもらい、進めている。今日は進捗報告だ。

「〝林業〟から〝森で人を幸せにする業〟へのシフトという発想は確かに魅力を感じる。君らがそれを本当に実現したいという熱意も伝わってはくる。しかし君たちは、これからつくろうとしている事業やサービスを、〝誰がどんな風に使って、それが何に貢献しているのか？〟というリアリティをどこまで実感している？　どれもまだ机上でのアイデアという感じがするんだよな……」

僕らは3人ともハッとした。確かにこの構想を、実感としてイメージできる体験や身体感覚が圧倒的に足りないことに気づいた。

実は、本部長報告の前に、伊川さんに相談したときも同じようなことを指摘されていた。

「ねえ創太さん、今度お父さまの会社で1週間くらい帯同させてもらうことってできないかな？」多花世がそんなことを言ってきた。

「確かにそれができたらいろんなことが見えてきそうだ！」と熱美先輩も同意する。

「わかった。頼んでみるよ」

僕はそう答えたものの、少しためらっていた。

この構想はもともと「父の事業をなんとかしたい！」という思いもあってつくったものだった。ただ一方で、「もしこの構想を父に否定されたら……」という思いがよぎってしまうのだ。

これまでさまざまなヒアリングは重ねてはいるものの、本丸である父の会社には実はまだ話を聞きに行っていないのだ。

でも僕は決断した。多花世と熱美先輩が、この構想の実現に本当に思いを持ってくれている。僕の仲間がこんなにも思ってくれていることを、父や父の会社の人たちにも知ってほしいという気持ちが、自分の怖れや不安を上回った。

〈8月上旬〉

父は僕からの申し出を快諾してくれた。僕ら3人は富山にある僕の実家に泊まりながら、父をはじめ、たくさんの方々に快くインタビューに応じてもらったり、また森に入っての間伐や、材木の切り出しと運び出し、木を降ろす道の整備、工場での加工なども体験させてもらった。

話を聞き、体験することで本当にさまざまな思いを感じることができた。森の木を山から降ろすためのルートが未整備で、そのため大きな負担がかかって非効率を生んでいること、また古い体制の中で価格競争力を失い、外国産木材に遅れをとってしまっていること。

一方で「自伐林業」を志す人たちが富山でも増えてきていて、林業を専業でやる人だけではなく、農業との兼業や別の仕事と二足のわらじでやろうとしている人もいることや、そこにはエコシステムとして自治体も含め共同体でサポートし合う仕組みができつつあることなども聞かせてもらった。

林業をやりたいと、Iターンでこちらに移り住んで1年半になる大島さんからの話もすごく刺激になった。彼は36歳で、もともと東京で食品会社の営業の仕事をしていたのだが、日々ノルマに追われる毎日に疑問を抱き、取引先のカフェオーナーで、大学の先輩でもある方に紹介されて、林業に興味を持ち、そして1年半前に決断をし、会社を辞めて家族でこちらに移り住んだそうだ。

「最初はさ、もういろいろ覚えるのに必死だよ。先輩たちもあんまり教えてくれなくて〝自分は招かれざる人間なのか？〟って思ったよ。あとで聞いたら今まで教えることなんてあまりしなかったので、どう教えていいかわからなかったって聞いて安心したんだ」そう大島さんは笑った。

「この仕事はまだまだ安定しているとは言い難い。オレはまだ船本社長や多くの先輩たちに仕事を世話してもらったりいろいろ助けてもらっているからいいが、人によっては日給や歩合で冬場は仕事がまったくないなんてことも当たり前のようにある。同じタイミングでこちらに来たけど、辞めてしまったやつもいてさ……」

「そうなんですね……」と言う僕に、大島さんは話を続けてくれた。

「でもね、林業って本当に大きな可能性を持っているんだ。オレに林業を紹介してくれた先輩がさ、新しい店舗に、オレが切った木を使いたいって言ってくれてさ。木の空間で、癒しや温もりと同時に自然との共生や環境への意識なんかも高めるコンセプトカフェをやりたいって言ってくれて。オレはそうやって人にとっても自然にとってもいいものを人が自然と選べるような世界をつくりたいって思ってたから、すごくうれしくて。そんな感じでもっとこの仕事の価値と機会を広げていきたいって思って。だから君たちが考えていることを、もし一緒にできたたら本当にうれしいよ。オレにできることがあったら何でも言ってよ」

大島さんからそんな話を聞けて、僕らは心の底からうれしかった。同時に自分たちがやることの価値や可能性にすごく心が熱くなった。

こっちに来て、多花世はあっという間に、職人さんたちとも仲良くなって溶け込んでいた。本人が積極的になんでもやろうとするもんだから、職人さんたちもヒヤヒヤしながら、でもとてもうれしそうだった。

熱美先輩は、おばちゃんたちに大人気で、ちょっとしたアイドルだった。もともと人の懐に入るのが得意な先輩は、おばちゃんたちのハートもがっちりつかんだようだった（笑）。

そうそう、あとで知ったのだが、以前シンポジウムで出会った高島さんのお父さんも林業家で、僕の父とは旧知の仲らしかった。1度、高島さんにも富山に足を運んでもらい、自伐林業の話をしてもらいたいとも思った。

こちらに来て4日目の夜、だいぶみんなになじんだ僕らは、父と数人の従業員や職人の方々と遅くまで飲んだ。ちょうど夏休みで実家に帰って来ていた兄もその輪に加わった。兄は地元で不動産関連の企業に勤めている。

こうして父と飲むのは何年ぶりだろうか。

父は「当事者であるがゆえに見えなくなっているものがある」と言った。父が僕らのやろうとしていることを受け入れてくれている感じがして、僕はうれしさや安心や使命感がいろいろ入り混じった思いがこみ上げてきた。あまり覚えていないのだが、僕はそのあとずっと涙と笑顔で顔をくしゃくしゃにしながら飲んでいたらしい。

そうして1週間があっという間にすぎ、僕らは、父たちに別れを告げて帰京の途についた。熱美先輩はお子さんの定期健診があるので付き添いたいからと、ひと足先に帰京していた。この滞在の中で、熱美先輩は、お子さんの病気のことを僕らに話してくれた。仲間には知っておいてもらいたいからと言って。

帰りの電車の中で、僕と多花世はこの1週間をいろいろ振り返っていた。

楽しそうに語る多花世の顔が、すごくまぶしくて、僕は正直ちょっと見とれてしまった。

「ねえ創太さん、聞いてる？」

「えっ、あっ、聞いてるよ、聞いてる」と僕は慌てて答える。

「ほんとに～？　なんかぼーっとした顔してたけど」そういって多花世は笑った。

「実はね、私と熱美先輩、創太さんのお父さまから、〝くれぐれも創太をよろしくお願いします〟って言われたの」

「オヤジがそんなことを？」

「そう。お父さまね、すごく従業員や職人さんたちのことが大好きなのね、本当にいいやつばかりだって。同時に今の厳しい経営環境や、先の不安も語っていたわ。いろいろ考えてはみるものの、自分は古い人間だからなかなか新しいアイデアが浮かばないって。そんなときにね、創太さんの考えを聞いて、〝仲間を連れて会社に来たい〟って言ってくれたことが本当にうれしかったみたい。従業員の方や職人さんたちにいろいろ話す創太さんの姿を見てとても頼もしく思ったみたいよ。私もね、創太さんのそんな姿を見てちょっとかっこいいなって思ったよ」

「えっ?」僕はドキッとした。

「〝えっ〟って何よ?〝えっ〟て。もう……」と多花世はまた笑った。

それからしばらく、これからの構想やアイデアの話なんかもしながら、東京駅で別れた。

今回思い切って、父に切り出してみて本当によかった。自分たちだからこそできることがあるという思いを新たにした。父が僕のことを頼もしく思ってくれたこともまたうれしかった。

踏み出してみることで見えてくる世界があるってことを心から実感した。父のような状況にある人、大島さんのような思いを持った人はまだまだ日本中にはきっとたくさんいる。そんな人たちが喜ぶ顔が見たい。

最初は、どこか漠然として、机上な感じだったイメージが、この1週間を通じていろいろなことが鮮明になった。思い出すたびに感情が湧き、心が熱くなる。多花世と熱美先輩もまた同じようなことを感じてくれているのを感じていた。それが僕には本当にうれしかった。

〈8月下旬〉

僕らは、伊川さんのオフィスにいた。もうすっかり慣れたもので、伊川さんから合いカギを預かり、先にオフィスに入ってミーティングの準備をしていた。

富山から戻った僕らは、3人でもう1度プランを見直していた。以前に整理したものは少しイメージが広がりすぎたことを実感した僕らは、「森と人、人と人をつなぐウェブプラットフォーム」というところに絞ってもう1度描いてみたものを今日は用意していた。

「ニコ、なんかハワイっぽい音楽をかけて」

多花世はカウンターの上のロボに話しかけた。いい感じのハワイアンが部屋に流れる。このニコというのはAIロボで、僕らの会社で開発したプロトタイプだ。伊川さんには検証も兼ねて使ってもらっていた。

「おー、お待たせ！　すっかりミーティングの準備も整っているね〜。ありがとう！」

伊川さんは相変わらずゆるい空気をまといながら、楽しそうにオフィスに入ってきた。最初はそのスタンスに戸惑いもあったのだが、伊川さんと付き合ううちに、この人のこのゆるさが、新しい発想を生み出したり、話しやすい雰囲気をつくったり、仕事そのものを楽しいものにしているということを僕らは感じていた。ゆるくはあるが、洞察は深い。この感覚が今では心地よくなってきていた。

「君たちが持って来てくれた、ニコは本当に賢いよね！　なんか調べものとか、分析とか今はほとんどニコにやってもらってるから、その分違うことに頭とエネルギーを使えるのでほんと助かってるよ」

「伊川さんのお役に立っているならうれしいです。僕らも基本的にデータや事例の収集、分析なんかは、もうほとんどニコに頼ってます」

「そう、もうニコは4人目のチームメンバーだし、もっと言えば10人分くらいの作業をこなしてくれてますよ」多花世も熱美先輩もどこか得意気にそう話した。

「さて、いよいよ最終の報告会まであとおよそ1カ月ちょっとか。この前は創太くんのお父さんの会社にも行っていろいろとインタビューしたり体験したりしてきたんだったよね。どうだった？」

僕らは3人がそれぞれに、あの1週間でつかんだこと、感じたことなどをエピソードを交じえながら、伊川さんに話した。そしてブラッシュアップして書き直したビジョン・フレームも見てもらった。

「いや〜、とても臨場感が湧いてきてドキドキワクワクしてきたよ。ビジョンは描き語り動けば育つんだ。イメージが広がり、思いが深まり、それがまた人の共感を呼んで、そして巻き込んでいける。それを感じた旅だったんじゃないか？」そう伊川さんは言ってくれた。

「思いだけじゃなく、そこにある複雑な構造もよりイメージできた。本当に社会的にも、いやもっと言えば地球的にもやる意味と価値がある分野だってことを、改めて認識したよ」と続ける伊川さんの言葉に、多花世が大きくうなずいていた。

「前回まずは大きく広げてビジョンを描いてみたと思うけど、そこからプラットフォームをつくるというところにフォーカスをしてブラッシュアップしたことで、君らの強みを生かした切り口になっている感じがしたよ。もう一段進んだ感じがするね」

そう伊川さんに言ってもらえたのはうれしかった。

「そうなんです。実際にいろいろ話を聞かせてもらうと、あまりに幅広くてどこから手をつけたらいいんだろうって逆に迷ってしまったんです。でも〝では、自分たちにできるところは何か？〟ということに逆にフォーカスするきっかけになりました」と僕は答えた。

「さて、構想がずいぶん整理されたと思うんだけど、これに命を吹き込み、人を巻き込んでいくために必要なのが臨場感なんだ」

「臨場感……ですか？」

「そう臨場感。みんな映画とか小説とか、まあマンガでもいいや、観たり読んだりする？」

「はい！　私は映画が大好きなのでよく行きます。と言っても、最近は忙しくてあまり行けてないけど……」

「オレはもっぱらマンガかな～」

「僕は小説と映画は好きです」

伊川さんの問いに僕らは三者三様に答えた。

「映画や小説、マンガはすべて〝物語〟だよね。物語っていうのはね、その性質上、人の感情を動かしたり、記憶に残りやすいんだよ。文字が発明される前は口伝《くでん》、つまり、言葉で後世にいろいろなものを伝え残そうとした。でも覚えるにはやはり限界がある。そのときに物語という形で残したんだよ。物語にすることで、感情をともない、臨場感を感じながら記憶に残る。それが物語の持つ力だ。聞き手が提案に臨場感を感じるのは、それを提案する人が実感をともなったイメージを持っているからなんだよ。当然自ら体験したことは、臨場感を生む源泉になる」

確かにそうだ。僕らはあの1週間をすごしたあと、自分たちの中に感情や感覚をともなったイメージがあって、それが話すときに思い出されるような感覚がある。

「物語が臨場感を生むのは、そうさせる要素があるんだ。この要素が語られるからこそ、人の心が動くという要素がね」

「物語の要素……ですか？」熱美先輩がそう言った。

「そう物語の要素。それは5つあって、〝物語の5要素〟って言われているんだ。人の感情を動かしたり、記憶に残す力はこの5要素をイキイキとしかも相手の興味を引くように語ることで生まれるんだ」

「その〝物語の5要素〟っていうのはどういうものなんですか？」多花世が質問すると、伊川さんは、また例の大きな壁に書きはじめた。

・ワールドモデル
・キャラクター
・シーン
・ストーリー
・ナレーター

ホワイトボードの壁には、5つの言葉が書き出されていた。

「これが、〝物語の5要素〟だ。それぞれ解説していこうか。ワールドモデルというのは、物語の舞台となる世界、状況だ。先ほどの桃太郎でいえば、昔々のあるところで、鬼と村人ともに存在している世界が舞台だし、『スター・ウォーズ』でいえば、はるか遠い昔のある銀河系で、帝国が圧倒的武力を持って君臨している世界だ」

「なるほど、でもなんでこれが臨場感と関係があるんですか？」

「臨場感を感じると人は感情が動く。たとえば『スター・ウォーズ』でいえば、帝国がその武力によってさまざまな悲劇を生んでいる状況を、観客が思い思いのキャラクターに感情移入しながら、理解し感じるからこそ、反乱同盟軍の行動が理解できるし、そこに怒りとか悲しみとか喜びといった感情の動きが生まれるんだ」

「なるほど、つまり提案に置き換えれば、〝なぜその提案が必要なのか？〟という前提がワールドモデルにあたるということですか？」

「その通り！　さすが多花世ちゃん。その前提を相手に理解してもらうためにはその提案が必要とされる世界を語ることが、大事なんだ」

僕はその話を聞きながら、今回のプランにおけるワールドモデル、「この提案が必要な前提はなんだろう？」と考えてみた。

日本のわずか半分の森林面積にもかかわらず、木材の生産量は3倍あり、産業として成功しているドイツに比べ、そのポテンシャルをまったく生かし切れていない日本の林業の現状。放置され弱っている森林、林業に従事している人たちの窮状などが浮かんできた。

ほかにも価値観の変化によって、環境によりよいものを選ぶ人が増えてきていることや、〝自分らしさ〟といったオンリーワンを求める人たちが増えているといった市場の変化なども浮かんできた。

「さて、ではほかの4つについても説明しよう。キャラクターとシーンはわかるよね。物語の登場人物と、さまざまな場面だ。登場人物がイキイキと描けているとその物語はとっても魅力的になる。人が感情移入する対象は人つまり登場人物だ。シーンはその登場人物が遭遇するさまざまな場面だよね。ピンチや葛藤、挑戦、克服、成功、出会いなどだ。君たちの提案に置き換えるとこれは何に当たるだろう？」

「うーん、キャラクターとしては、林業に携わっている人やこれから携わろうとする人、あとは木を使ってくれる可能性のある人たちかな」と熱美先輩が答えた。

「そうだね。この前〝型〟を伝えたときに、〝Happy（価値）〟のところでいろいろ出してみたよね。あれを思い出してごらん。どんなシーンが浮かんでくる？」

その問いかけに、今度が僕が答える。

「今回は林業ビジネスの新たな可能性を切り開くことが提案の主旨なので、たとえば林業に携わっている人たちの今苦労していることが楽になっているとか、新たな担い手が林業にどんな風に携わっているかとか、木を利用したモノや場所で楽しそうに使っている人たちとか」

「なんかこの前より、イメージが鮮明に浮かんでくるわ。この前はどこかふわっとした感じだったんだけど、今は創太さんの会社の方々をはじめ、具体的な人の顔が浮かぶわ」と多花世はすごくうれしそうに言った。

「いいね！　その人たちがどんな表情して、どんなことをしていて、何を感じて、何を言っていて、何に喜んでいるか？　何を欲しがっているか？　いろいろ想像してみて。特に言われたいセリフなんかを語ると臨場感はグッと高まるんだ。なんか思い浮かぶものはある？」と伊川さんは僕らに問うた。

僕は、大島さんが、〝人にとってもとっても自然にとってもいいものを人が自然と選べるような世界をつくりたい〟と語っていたのがとても印象的だったのを思い出した。

「このWebを通じて〝こういう人と一緒に働きたい〟とか〝こういう思いの人がつくるものを使いたい〟って言ってくれる人がどんどん増えていったらすごくうれしいかも」僕は大島さんの笑顔を思い浮かべながらそう答えた

ほかにも僕らは互いに想像したことを語ってみた。語りながらどんどん楽しくなってきた。

同時に「こんな状況が生まれたら本当にうれしい」っていう気持ちが高まっていった。

「4つ目はストーリー。これは〝話の展開〟のことだ。特にビジネスの提案では〝どういう状態がどういう状態に変わっていくのか？〟という望ましい変化が起きる可能性を語るんだ。」

「望ましい変化が起きる可能性……ですか？」

「そう、君たちの提案する新たな林業の可能性を拓く試みは、林業に携わる人を幸せにする。もしこのまま何もしなければ従事者は減っていくし、林業も当然衰退していく。でも新たな提案によって、たとえば充実した生き方・働き方を見つける新たな林業家が現れたり、木のぬくもりを感じる空間によって癒されたり、創造性が育まれたり、環境や自然、生態系などへの興味や関心を高めたりすることにもつながる。それがＳＤＧｓの目標達成とも連動していき、地球の持続可能性が高まっていく……とかね」

伊川さんが語る〝物語〟を聞きながら、僕らのプランを実現する意味がますます強く深くなっていくのを感じた。

「伊川さん、このプランって本当にすごい価値があるんですね！」

「おっ、創太くん自画自賛だね（笑）。僕もＳＤＧｓのことや、人が働くことに喜びや幸せを感じることには関心があるし、それを考えることはとっても意義深いと思っている。だから僕は君らの提案に〝それを実現する意味〟を感じたんだ。つまり君らの物語が、僕の物語にもなったんだ。これはすごい大事なポイントなんだよ」

「えっ、どういうことですか？」

「魅力的な提案はね、聞いた相手が、それをまるで自分のもののように感じるって前に言ったよね？　そのとき、その相手は提案の是非を評価するのではなく、ともに実現しようとするパートナーになる。もう僕は君らのパートナーだと勝手に思ってるよ（笑）」

僕はうれしくなった。と同時にこの提案を分かち合い、ともに実現したいと思う人たちの顔が次々と浮かんできた。あの人にもこの人にも伝えたい。どんどん胸が熱くなっていくのを感じた。

「〝物語の5要素〟の最後は、ナレーターだ。これは物語の語り手は誰かということ」

「物語の語り手……ですか？　それは作者ではないんですか？」

「うん、作者ももちろん語り手の1人ではあるんだけど、ここで言う語り手というのは、〝誰の目線でその物語が描かれているか〟ということなんだ。その物語の主人公の目線で語られていることもあれば、脇役の目線で語られることある。もちろん作者の目線で語ることもね。そうだな～、たとえば桃太郎ってさ、ハッピーエンドで語られるよね？」

「そうですね、桃太郎が鬼退治をして、めでたしめでたしで終わりますからね」

「でもね、鬼の目線で語ったら、この物語はハッピーエンドって言える？」

「あ〜、ハッピーエンドにはならないですね。むしろバッドエンド、悲劇ですね」

「そうだよね。つまり物語は誰の目線で語るかによって同じ出来事・内容でもまったく違うものになってくるという面白い性質を持っているんだ。だから物語はナレーターを誰にするかというのがとても大事になってくるんだ」

「伊川さん、それはよくわかります。でも、これと僕らの提案とはどう関係しているんですか？　提案の場合、語り手は提案者以外にはないと思うんですが……」

「では3人ともちょっと想像してみて。たとえば、君たちがある子ども向け製品メーカーの営業マンだとして、ある製品を納入してほしいと小売店に提案するとしよう。営業マンの目線で考えれば、納入してほしいので、その製品のよさを当然アピールするよね？」

「まあ、当然そうですよね。」と熱美先輩が答えた。

「そのときに、誰の目線でこの製品のよさをアピールするか？　メーカーの営業の目線で語れば、メーカーとしてのこだわりや、価格優位性なんかを語ることが多いんじゃないかな?」

「確かに、自分たちの〝ウリ〟をわかってもらおうとなりますね」と僕は言った。

「でも小売店の目線で考えたら、自分のお店がよりよい状態になることが一番の関心ごとだよね。だから、そうなる可能性を聞きたいわけだ。たとえば、その製品が話題になってお客さまがたくさんお店に来てくれたり、ほかのものを買ってくれることにつながったりなんていうことも期待するかもしれない。また、親の目線で考えたら、子どもや家族のことが一番の関心ごとになる。その製品が子どものためになるのか? 家族の時間を楽しくしてくれるのか? そんなことが想像できれば欲しくなる」

「なるほど、そういうことですね。小売店にとって〝意味がある〟と感じられるのは、自分のお店がよくなることや、お客さまである親が買いたいと思ってくれる可能性が高まること」と多花世が応じる。

「多花世ちゃん、その通り。なので小売店の目線や親の目線で臨場感を持って、買う意味を感じられると思える点を提案の中で語ることができれば、その提案はより魅力的なものになる。整理するとこういうことだ」と伊川さんはまた壁に書き出してくれた。

メーカーの目線＝目的：その製品を納入してもらうこと
小売店の目線　＝目的：自分のお店がよりよい状態になること
親の目線　　＝目的：子どもの成長・喜び・家族のハッピーな時間につながること

「目的が違えば、当然、関心ごとも違う。そうなると求めている情報も違う。小売店の目線であれば、〝どうしたら売れるか？〟という発想になるし、親の目線になれば、〝なぜそれを買いたいのか？〟という発想になる。どの目線になるかによって、提案の切り口、使う言葉も変わってくるよね」

「なんか、立場を変えて考えてみると、強調するポイントも変わって、まったく違うプレゼンになりそうだな〜」と渥美先輩は深くうなずきながらしみじみと言った。

「自分がしてほしいことを、ただ相手に伝えても、それでは単なるお願いになってしまう。

相手に〝それを実現する意味〟を感じてもらうためには、相手が望むことに、自分が望むことを重ねて伝えることが大事なんだ」

「相手が望むことに、自分が望むことを重ねて伝える……ですか。なんか難しそうだな……」と僕はつぶやいた。

「創太くん、心配しなくても大丈夫。その意識をさえ持ちつづけていれば、表現はあとから磨かれていくから。大事なのは、〝相手が真に望んでいることは何か？〟〝この提案はそれにどうつながるのか？〟と常に問いつづけることだよ」

「伊川さんが最初に会ったときに私たちに教えてくれた〝相手がなぜそれを求めるのかを深く問う〟ってやつですね」多花世がそう言うと、伊川さんはニコッと笑った。

「ちなみに物語で、ナレーターを変えて語ることを〝ナレーターシフト〟というんだ。同じことをいろんな立場で語ってみることは、表現を豊かにしたり、伝える力を高めるトレーニングにもなるからぜひやってみるといいよ」と伊川さんは教えてくれた。

白熱した打ち合わせのあと、僕ら3人は伊川さんに教えてもらった焼き鳥屋にいた。近所のおいしいと評判のお店らしく店内は賑わっていた。

「なんか、オレこの数カ月で、提案することの面白さというか本質を身につけた感じがして、営業マンとしてひと皮むけたんじゃないかって気がしてるんだよね」とビール片手に熱美先輩が言うと
「熱美先輩自分で言っちゃいますか（笑）。でも、確かにずいぶん成長しましたね！」と多花世が返す。

「お前、その上から目線コメントはなんだよ！」と言いながら熱美先輩はうれしそうにビールを飲み干した。

僕らは大笑いしながら、そのあといろいろ語り合った。でも本当に熱美先輩の言う通り、この数カ月で提案することの面白さや本質を身につけていっている実感は確かにある。まだ本当の自信を身につけたとは言えないけれど。

1時間後、僕は代々木公園にいた。今日は珍しく暑さが少し和らいで気持ちがいいので、2人と別れたあと、僕は酔い覚ましがてら少し散歩していた。

「物語……か」

今日の伊川さんとのミーティング、そしてこの前の富山での体験を思い出しながら、僕は思った。人にはそれぞれ思いがあり、そこに物語がある。僕は富山で何度となくそんな思いを聞いて心が動かされた。「ストーリー」を分かち合うと人は共感し、つながっていく。いろんな人たちの顔、声が浮かんでくる。

「そうだ！　ストーリーで結びつけるんだ」

ふと僕の中にあるイメージが浮かんだ。僕はどうしてもそのイメージを今回のプランに組み込んでみたいと思った。〝明日2人にも話してみよう。〟僕は何かすごいことを思いついたようなワクワク感を感じていた。

〈その後、さらにブラッシュアップされた創太たちの構想、Ver．2〉

①Vision 「森と人、人と人をストーリーでつなぐプラットフォーム」

これは、森と人、人と人をストーリーでつなぐプラットフォーム。森や木とかかわりながら自分らしく働きたい人が“仕事”に出会うジョブマッチング、森や木から生まれるさまざまな “商品サービス・体験・学び “と出合うきっかけになるモールがWEB上で展開している。

働き手や利用者を求める人は、そこで自分の想いやビジョンをストーリーとして語り、そこに共鳴した人が就業・起業をしたり、その商品やサービスを使う。そんなきっかけになる場が生まれている。このプラットフォームをきっかけに森を通して “地球のこと” “未来のこと” を考え学ぶきっかけとなる場も生まれている。

フェーズ2
Key：
森や人のブランド化
拡大期のカギは、情報発信者の価値が高まり、ブランドが生まれていくこと。付加価値がさらなる注目と利用を集める

森を通して
・地球を学ぶ
・人を癒す
・未来を考える
・次世代リーダー育成
etc.

③Happy

「働く人」
充実した働き方
意義のある仕事
新しいビジネス創出

「つくる人・使う人」
価値を感じるモノ
価値を感じる空間
価値を感じる体験

「地球のこと」
環境・資源に好影響
ＳＤＧｓに寄与
エコロジーへの関心

新たな林業生態系ビジネスモデル Ver 2.

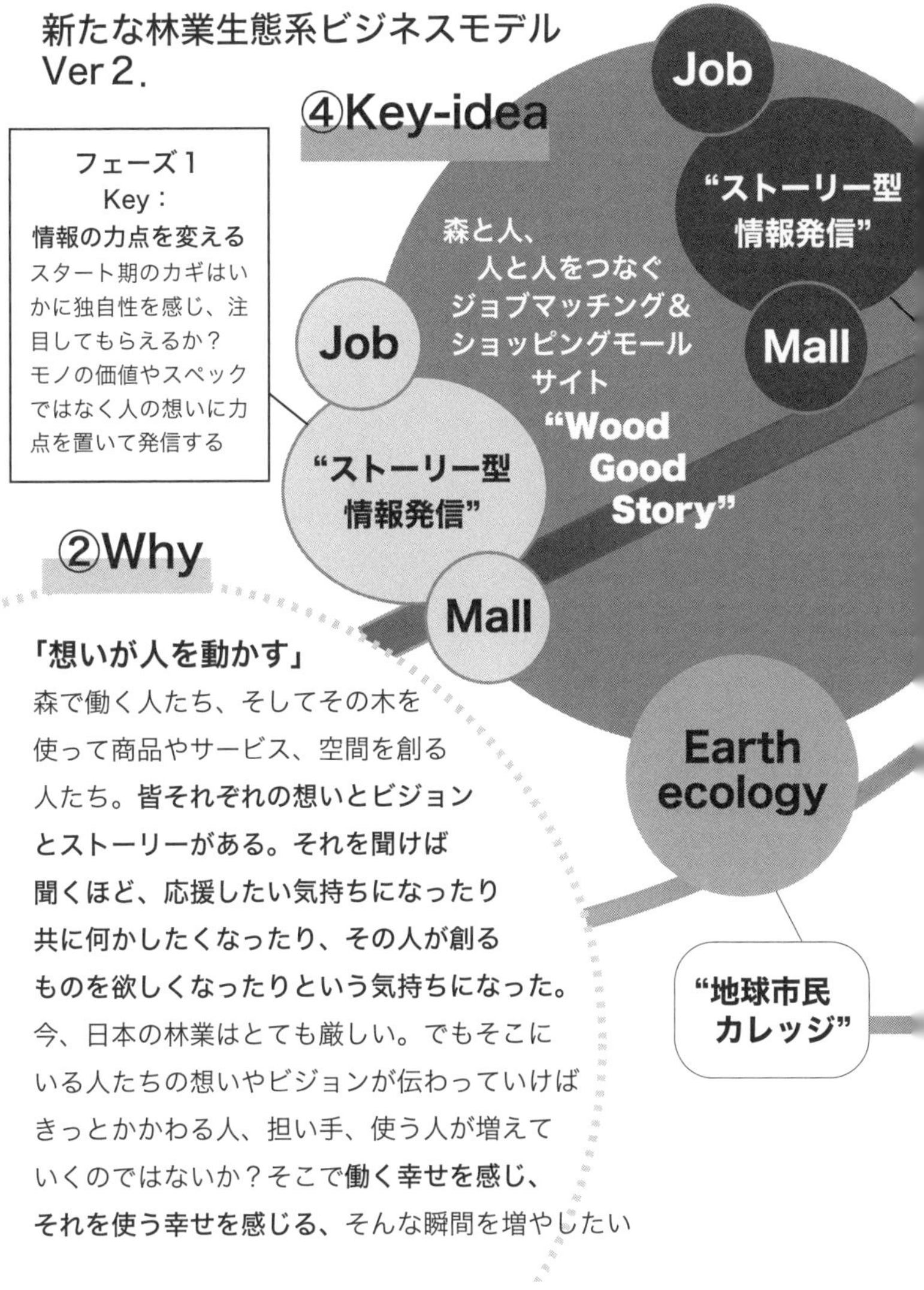
④Key-idea
フェーズ1
Key：
情報の力点を変える
スタート期のカギはいかに独自性を感じ、注目してもらえるか？モノの価値やスペックではなく人の想いに力点を置いて発信する
Job
“ストーリー型情報発信”
Mall
森と人、人と人をつなぐジョブマッチング＆ショッピングモールサイト
“Wood Good Story”
Job
“ストーリー型情報発信”
Mall
Earth ecology
“地球市民カレッジ”
②Why
「想いが人を動かす」

森で働く人たち、そしてその木を使って商品やサービス、空間を創る人たち。皆それぞれの想いとビジョンとストーリーがある。それを聞けば聞くほど、応援したい気持ちになったり共に何かしたくなったり、その人が創るものを欲しくなったりという気持ちになった。

今、日本の林業はとても厳しい。でもそこにいる人たちの想いやビジョンが伝わっていけばきっとかかわる人、担い手、使う人が増えていくのではないか？そこで働く幸せを感じ、それを使う幸せを感じる、そんな瞬間を増やしたい私には夢がある。それは、いつの日か、ジョージア州の赤土の丘で、かつての奴隷の息子たちとかつての奴隷所有者の息子たちが、兄弟として同じテーブルにつくという夢である。

マーティン・ルーサー・キング Jr

相手の心に響かない……

3人は「型」を使い、林業再生ビジネスの構想を本部長に伝えました。しかし「机上でのアイデアという感じがする」と言われてしまいます。どうやら本部長の心はまだそれほど動いてはいないようです。

「型」を使うことで構想は整理され、1つのストーリーになります。しかし、だからと言って相手に響くかというと、それではまだ足りません。それだけではつくった「物語」にまだイキイキとした命が吹き込まれていない状態です。

「提案」が自分も相手もそれをしたくなる（ほしくなる）物語になる大事なポイントは〝共振共鳴〟です。聞いている相手がワクワクと心動かされる様子を目の当たりにすると、それに呼応してこちらもさらに楽しくなってくる感覚です。

前章でも紹介した松岡正剛氏が著書『物語編集力』（ダイヤモンド社）の中で、特に仕事の場面で「相手に伝える」ことにおいては、「話」というもの、すなわち「物語」がどういう構造をしているのかを知っておくことが重要であるという趣旨のことを語っています。

物語とは、単なるお願いでも、ものや方法の提示でもありません。**物語とはそれを聞く人の感情を揺さぶり、心を動かす何かを生み出すものです**。感情を揺さぶられる話は、そこに臨場感を感じ、その臨場感は自らのインサイドアウトから生まれます。インサイドアウトは印象深い体験の記憶をともなっています。

しかし、「インサイドアウトからの言葉であれば、必ず人の心を動かせるのか？」と言えば、必ずしもそうではありません。そこには人の心が動くメカニズムというものがあります。この「物語」が持つ、人の感情を動かし、記憶に残りやすいという性質を活かして、表現する力を磨いてみようというのが私の提案です。

物語の5要素

松岡正剛氏は、物語を構成している要素を次の5つに分解して解説しています。

- ワールドモデル
- キャラクター
- シーン
- ストーリー
- ナレーター

物語には元来「母型」と呼ばれる王道の型がいくつかあります。それを理解すると、さまざま物語をつくることができるようになります。今回は、まずこのビジョン・フレームの「型」を物語のひな型にして、この5要素を当てはめながら表現を磨いていくための解説をします。

まず、「Vision（未来）」も「Why（今なぜ）」も「Happy（価値）」もさまざまな「シーン」と捉えることができます。「シーンを語る」とは、その情景やそこで起きていること、体験や感情、心の声や語られている言葉、エピソードを語るということでもあります。そうすることによって、臨場感が生まれるのです。これが抜群にうまいのが講談師や落語家です。

シーンになくてはならないのが、「キャラクター」つまり登場人物です。「私は誰を喜ばせたいのか？」「この提案は誰を喜ばせる可能性があるのか？」「今どんな人がどんなことで、どんな風に困っているのか？」、そして「それが解決されたらその人たちはどうなるのか？」といった具合に人が語られることで、シーンは豊かになります。特に、その人たちがそのときに言うであろう**セリフなどを語ると、聞いている相手はより鮮明にイメージが浮かびます**。このキャラクターがイキイキと語られていることは物語を魅力的にするためには不可欠です。

ワールドモデルは、この提案の前提となる世界です。

たとえば、あなたの提案が5年後、世の中はますますテクノロジーの進化が進み、さまざまなものが自動化され、無人化されているような状況を想定していたとしましょう。それを見越して、会社の仕組みや働き方、制度の変更などを提案したとします。

しかし、**聞いている相手が、その前提となるイメージを共有できなかったとしたら、そこでは話がかみ合わなくなります。**どんなに自分が理にかなった提案をしていると思っても、互いの前提が違うと話は伝わらないのです。

あなたが提案しようとしているのは、「いつ（時間軸）、どこ（場所軸）、どんな状況（事実）か？」というのがワールドモデルです。そして、それをあなたはどう見立てているのかを語ることで提案の前提を共有していくのです。

そして、「この提案によって、何がどう変化していくのか？」という展開がストーリーです。「Key-idea（どうする）」によって引き起こされる展開を語っていくイメージです。

相手に響く提案とは「望ましい状態（Vision（未来）・Happy（価値））をつくるため

に現状を変えていく」ストーリーです。そして物語はストーリーが動くことによって進行します。そのストーリーが動く「きっかけ」が「Why（今なぜ）」なのです。

「実現できたら素晴らしいと思える世界がある（Vision）」

←

「それを実現したいと思ったのはこんなきっかけからだった」

←

「今は実現したい状態とは違う現状がある（Why）」

←

「もし、この Vision が実現すればこんな価値が生まれる（Happy）」

←

「これがその実現のカギで、これによってこう変えることができるんです（Key-idea）」

←

「ぜひこれをやりませんか？」

といった具合に、この提案によって起こる「望ましい変化」を語っていきます。

「History（歴史）」という言葉と、「Story（物語）」という言葉の語源は、ともにラテン語の「historia（歴史、物語）」です。つまり、この2つは同じ言葉から派生しています。

その史実の中にある、人間の絶望や希望、葛藤とその克服、苦悩や意思、そういったことが生み出すシーンの連続によって、感情を揺さぶられ心を動かされるのです。それこそStoryでありHistoryです。

そして、ナレーターは「それを誰の目線、誰の立場で語るのか？」を表しています。その目線や立場によって、語られる言葉やフォーカスされる部分が変わるというのは、まさに伊川が3人に説明した通りです。

これらを型に当てはめて図にしてみるとこんな感じでしょうか（次ページ）。

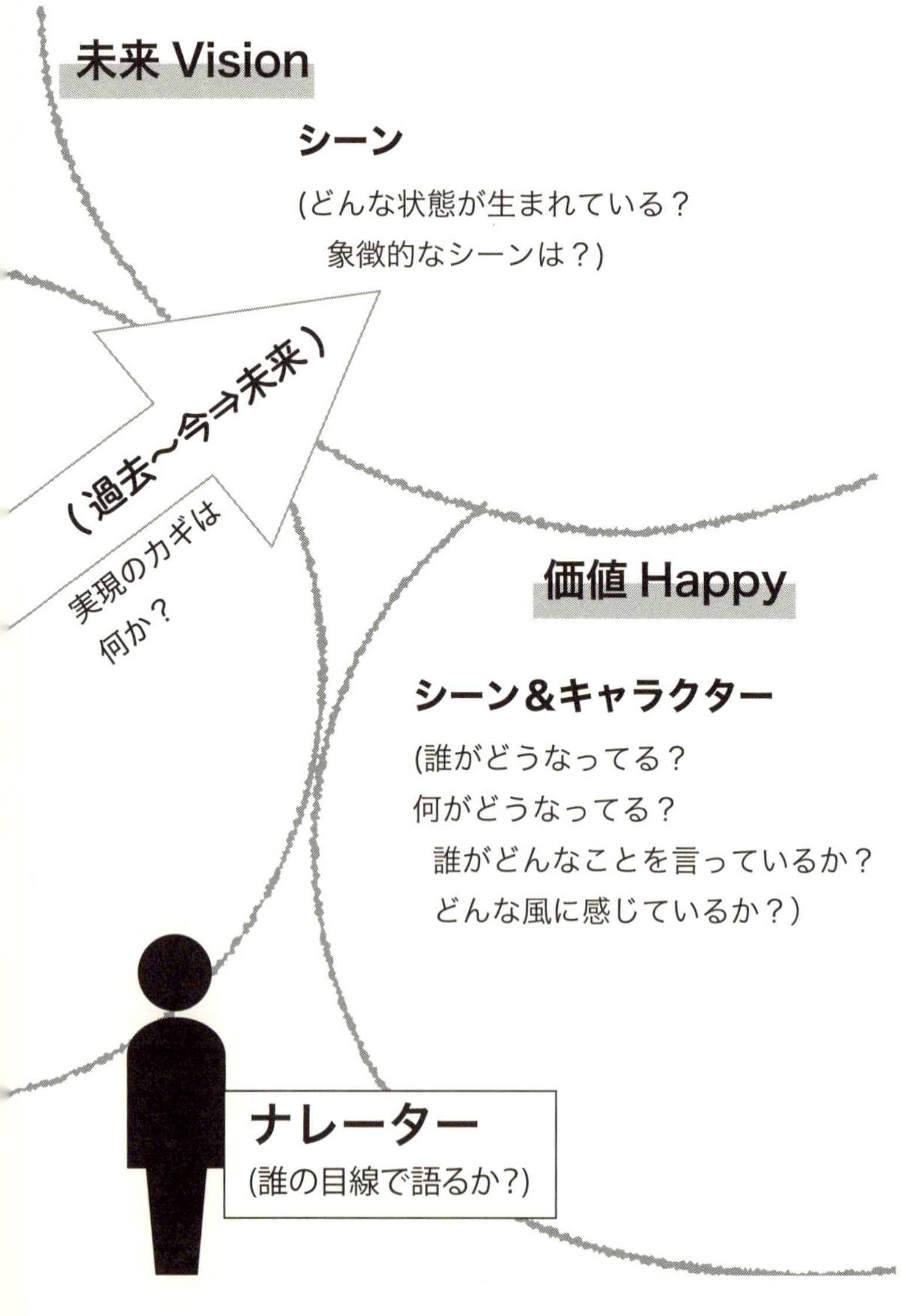
未来 Vision
シーン
(どんな状態が生まれている？
象徴的なシーンは？)
（過去〜今⇒未来）
実現のカギは
何か？
価値 Happy
シーン&キャラクター
(誰がどうなってる？
何がどうなってる？
誰がどんなことを言っているか？
どんな風に感じているか？)
ナレーター
(誰の目線で語るか?)

ビジョン・フレームと物語の５要素

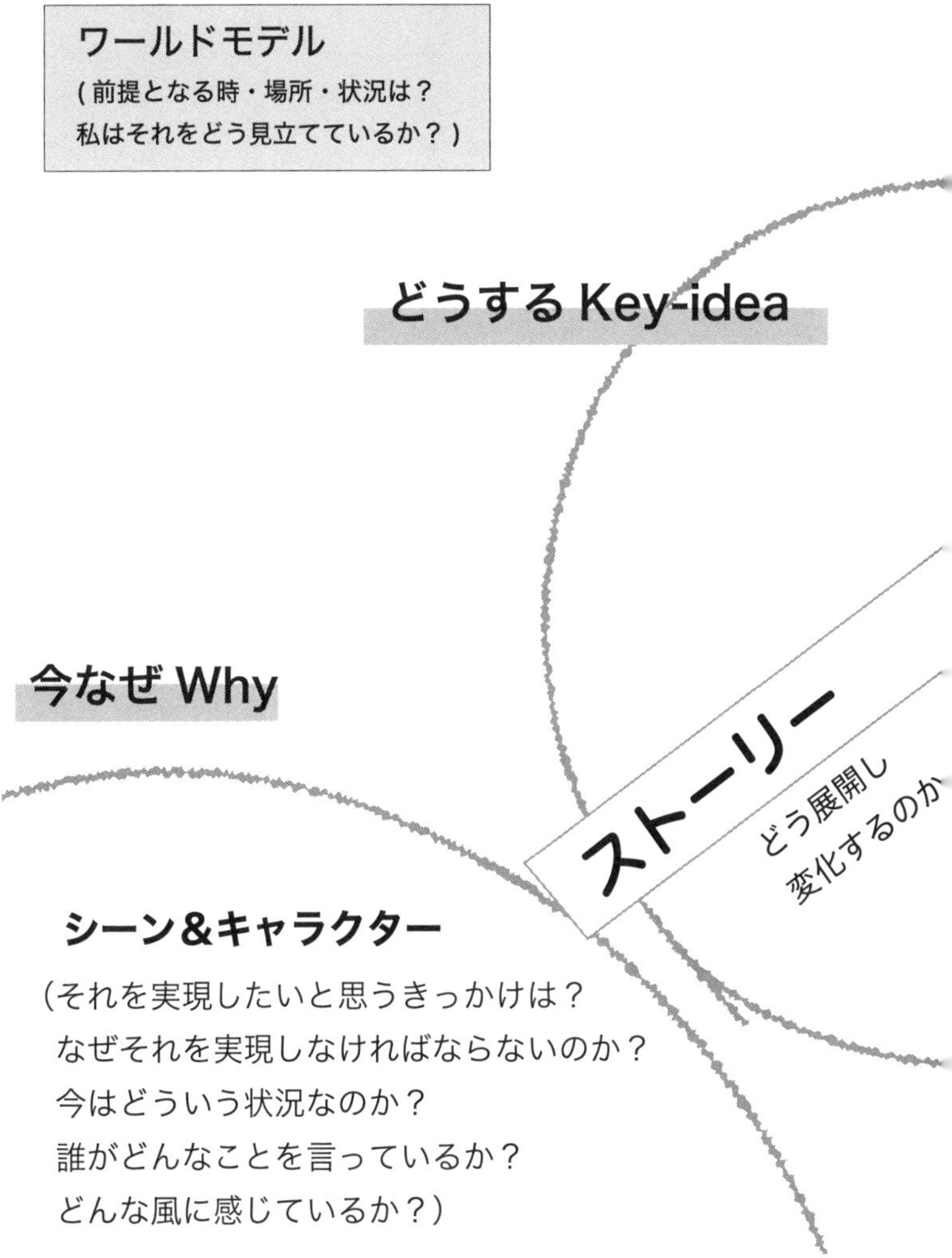
ワールドモデル
(前提となる時・場所・状況は？
私はそれをどう見立てているか？)
どうする Key-idea
今なぜ Why
ストーリー
どう展開し
変化するのか
シーン&キャラクター
(それを実現したいと思うきっかけは？
なぜそれを実現しなければならないのか？
今はどういう状況なのか？
誰がどんなことを言っているか？
どんな風に感じているか？)

臨場感でイメージの解像度が上がる

伊川は3人の体験を聞きながら、「その話に臨場感を感じ、ドキドキワクワクした」と言っていました。つまり、心が動いたんですね。

「解像度が上がる」とは、聞いている相手がその情景を鮮明に思い描いたり、その提案への共感や、それを実現したいという思いがより深まった状態を表しています。解像度は「臨場感」を感じることで上がります。

語る人の中に鮮明なイメージがあるとき、そこに臨場感が生まれます。語る人の体験に根ざしたイメージがギュッと凝縮されていて、当人がこれを語るときにその情景をありありと思い浮かべながら語るからこそ、まるでその場にいるかのような、情景や感情を聞いている私たちの中につくり出し、そして心が動くのです。

自分の心が動いていないのに、相手の心が動くことなどあり得ません。

自らのインサイドアウトを起点に、それを実現することの意義や価値を語る。どうしてもそれを実現したいと思うにいたった原体験やそのときの感情を語る。それが相手が望むイメージと共振共鳴したときまさに、「自分も相手もそれをしたくなる（ほしくなる）物語」になります。

198ページに載せたマーティン・ルーサー・キングJr.の有名な演説の一説。これもまた彼のインサイドアウトからの言葉もまさにそんな言葉の1つです。シーンを語り、つらく厳しい現状が、望ましい状態に変わるイメージを語ることで、聴衆の頭の中にありありとその様子が浮かぶように語りかけています。

ビジネスの場面であっても、そうでなくとも、私たちはその提案によって「人の心を動かす」ことができたら、その提案は実現に大きく近づいていきます。単に理にかなっているのではなく、聞いた相手がそのイメージを浮かべ、心を動かされるものでなければなりません。

そう考えると、人の心を動かす「提案」には、インサイドアウトとビジョン、その源泉としての体験がとても大切なのです。

体験は臨場感の源泉

体験は臨場感を生む源泉です。ここで言う「体験」とは、自分が当事者として体験したことはもちろん、その現場で見聞きし実感をすることも、また直接その場にはいなくとも、たとえば映像や場合によっては人から話（臨場感を感じるような）を聞くことも、広い意味で体験といってもよいでしょう。

企業でのプレゼンテーション研修で、プレゼンを聞かせてもらったあとに「現場の方は実際にどんな様子ですか？」とか「その小売店さんで自分が買い物したときどう感じました？」などと聞くと「いやどうなんでしょう？」や「いや営業で訪問はするのですが、そこで買い物をしたことは実はなくて……」という言葉が返ってきたりします。

ファミリー層に向けた展開をしているクライアントのお店にご自身の家族を連れて行ったことがなかったり、現場での意識調査の数字は見ていても、その現場の生の声をつかんでいなかったり。これでは話に臨場感は生まれません。

その背景には、あまりに忙しすぎて、余裕がないという状況もあるのかもしれませんが、そのこと以上に、提案に際しては体験が重要だという意識が弱いようにも感じます。

でも、この体験というものは、あなたが発する言葉に力を与え、提案の説得力や魅力を格段に上げてくれます。それを物語る1つのエピソードをご紹介します。

2011年から2017年まで7年間、私は児童養護施設の子どもたちの自立支援プログラム「カナエール」にかかわっていました。子どもたちが自分の夢をスピーチし、それを聞きたい人がチケットを買って聞きに来るスピーチコンテストです。その入場料が子どもたちの進学支援の返済不要の奨学金になるという仕組みです。

参加する子どもたちは、120日間かけてスピーチをつくっていくのですが、最初は実はあまり前向きでなかったりもします。「スピーチはやりたくないし、夢と言われてもそこまで明確なものもないし……、でも奨学金はほしいから」というのが正直な気持ちだったりもします。

そんな子どもたちが、120日間で大きく変化し、最後には思いのこもった見事なスピーチをする姿に私は、いつも感動していました。

120日間の中で子どもたちが大きく変わるターニングポイントというものがいくつかあります。その1つが「仕事人インタビュー」というものです。自分がなりたいと思っている職業についている大人に会って話を聞くというものです。会う前はあまり乗り気でないことも多いのですが、会って、自分の仕事に思いを持つ大人の話を聞くと、だんだん表情が変わっていきます。そしてそのインタビューのあと、まるで人が変わったかのように語る力が増し、スピーチの内容が格段によくなっているのです。

あとで聞くと、そのインタビューによって、自分の心に火がついたり、イメージが鮮明になったりして、自分のインサイドアウトからの思いがより強くなっているのです。

親ビジョンと子ビジョン

創太たちは、富山での体験のあと、自分たちの構想を再度ブラッシュアップしています。1度大きく広がったビジョンから、プラットフォームをつくるというところにフォーカスをして描き直し、そのことによって構想がより具体的になりました。

ここでつかんでほしいのが「ビジョンのサイズ」という観点です。ビジョンは、現状ベースで小さくまとめるよりも大きく構想したほうが既存の枠組みを超える発想が生まれるものです。

しかし、一方であまりに大きすぎると漠然としてしまい、何から手をつけてよいのかわからなくなるという側面もあります。そこで私がおすすめするのが、1度大きく描いたビジョンの中から、より重要でやる意味を強く感じる部分にフォーカスして、再度ビジョンを描き直してみるという方法です。

これを私は**「親ビジョンと子ビジョン」**と呼んでいます。創太たちの大きなビジョンは「林業から森で人を幸せにする業へ」というものです。

しかし、これでは漠然としすぎてしまいます。この大きなビジョン実現のカギの中で、自分たちの強みを生かせて、そして価値を生み出せる可能性のあるものとして、「森と人、人と人をつなぐプラットフォーム」づくりにフォーカスをし、これをビジョンとして再度、構想をブラッシュアップすることで、より具体的な展開イメージが鮮明になっていきました。

親ビジョンである「林業から森で人を幸せにする業」と子ビジョンである「森と人、人と人をつなぐプラットフォーム」はつながっています。子ビジョン実現の先に、親ビジョン実現があるという関係になっているのです。

相手は相手の眼鏡で世界を見ている

「解像度が上がる」ためには、「臨場感」と同時に、相手の中にある疑問や違和感を解消していくことも大切です。疑問や違和感があると、相手は提案を素直に受け止めることができません。

先ほど、ワールドモデルを、この提案の前提となる世界とお伝えしました。

しかし、あなたが前提を語っても、相手がその前提をそのまま理解するとは限りません。あなたがある事実を、自分の価値観で見立てているように、相手もまたその事実をその人の価値観で見立てています。価値観、信念、利害が相反していたり、経験の差などの「違い」によって、人は同じ事実に対して違った見立てをするのです。

「私は私の眼鏡」「相手は相手の眼鏡」で世界を見ています。童話「オズの魔法使い」で光り輝くエメラルドの都が、実は緑色の眼鏡をかけていたからそう見えただけだったというくだりがあります。しかし、眼鏡をかけていることに気づかなければ、その人にとってそこはエメラルドの都なのです。もし、あなたが赤い眼鏡をかけて行ったらそこはルビーの都です。

このことに気づくことはとても大事なことなのですが、でも意外に見落としてしまいます。落ち着いて聞けばその通りと思うのですが、いざ相反する相手と対峙すると、「感情」が湧いてきて、見えなくなったりします。

たとえば、自分自身が「テクノロジーの進化」に対して多くの情報を持ち、その知見も豊かでテクノロジーの活用に好意的だとします。しかし聞いている側は、その真逆、つまりテクノロジーの進化にうとく、知見も少ない、さらにその活用を懐疑的に見ている状態だったとします。

そんな状態で、客観的事実として、テクノロジーが進化した先に起こり得る世界（ワールドモデル）を共有したとします。

さて、相手はあなたと同じ前提を共有したと言えるでしょうか？　おそらく同じ「事実」に対して違う「見立て」をしていると思います。このまま提案をしても、おそらく違う「見立て」によってうまくいかないでしょう。そして、理解してもらえないあなたは「なんでわかんないのかな〜（イライラ・モヤモヤ）」となるでしょう。

ここが、提案をするときの難しさでもあり、面白さでもあるのですが、単純に「前提を共有すればよい」のではなく、「相手がその事実をどう見立てるのか？」「そしてどういう状態が実現したら意味があると思っているのか？」を理解することが大事なのです。

相手の真に望むことに耳を傾ける

「相手はどんな価値観を持っていて、真に望んでいることは何か？」「何に困っているのか？　それはなぜか？」——**相手の言葉を表面的に捉えるだけでは、相手の真意は汲み取**

れません。単純に相手が何かを言ったとしても、真意はその言葉とは違うところにあるかもしれないのです。

相手はあなたに対して、対処療法的に「これをしてほしい、あれをしてほしい」と言うかもしれません。しかし、真に望むことは「これや、あれ」ではなく、違うものを望んでいるかもしれません。そして往々にして、本人もそれを言葉にできていないことが多いのです。それを明らかにするには、相手の真意を探る質問をする必要があります。

相手の真意を探る質問とは、相手の語る要望や悩みに対して、「なぜそれを望むのか?」「現状の悩みの根源はなんなのか?」「本当はどういう状態になったらベストだと思っているのか?」を問うことです。そうすることで、相手も自覚できていなかったり、言語化できていなかった「真に望むこと」を引き出すことができるのです。

それを理解したうえで、相手も納得しやすいように前提を伝えながら、提案をするのです。「納得しやすい」とは、単にわかりやすくかみ砕いて伝えるということではありません。相手が望む姿を実現するためにこれから提案することは有効なんだと感じてもらえるように前提を話すことです。

たとえば、前述のテクノロジーの活用を懐疑的に見ている方は、テクノロジーによって人の交流が薄くなり、無機質な血の通っていないような職場になってしまうのは嫌だという感情を抱いているとします。でも自分は、テクノロジーの活用を積極的に推進したほうがよいと思っている。

あるとき、その方から「職場環境を整備して効率化を図りたい」という要望があったとします。ここぞとばかりにテクノロジー活用を提案しても、違和感が払拭できていなければうまくいきません。

そこでもう一歩真意を探ります。するとその要望の真意は「従業員が積極的にアイデアを出しそれを楽しむ状態をつくりたい。そうすることで収益に貢献できる施策が生まれる状況をつくりたい。そのためには従業員が余計な仕事を極力しなくてよいように、業務の効率化を図りたい」ということだということがわかりました。

その真意を踏まえて、提案をします。「テクノロジーの活用によって、もっと人がイキイキと活躍できる状態をつくることができる」という提案です。先ほどとは違い、その相手が望む姿に近づくためのテクノロジー活用ということに対して、今まで抱いていた懐疑心も払拭され、提案が通る可能性が格段に上がります。

それは、疑問や違和感が解消されたことによって、相手はかたくなだった状態がほぐれ、自分が望む状態に近づける可能性が今までよりも鮮明に見える、つまり解像度が上がったからなのです。

第3章まとめ

◆物語とはそれを聞く人の感情を揺さぶり、心を動かす何かを生み出す。感情を揺さぶられる話は、そこに臨場感を感じ、臨場感は自らのインサイドアウトから生まれる。

◆物語の5要素とは、ワールドモデル、キャラクター、シーン、ストーリー、ナレーターのこと。

◆相手に響く提案とは「望ましい状態（Vision（未来）・Happy（価値））をつくるために現状を変えていく」ストーリー。

◆「解像度が上がる」とは、聞いている相手がその情景を鮮明に思い描いたり、その提案への共感や、それを実現したいという思いをより深くしている状態であり、語る人の中に強いイメージがあるとき、そこに臨場感が生まれる。

◆自分の心が動いていないのに、相手の心が動くことなどあり得ない。

◆体験というものは、あなたが発する言葉に力を与え、提案の説得力や魅力を格段に上げる。

◆ビジョンが大きすぎて漠然としてしまったら、1度大きく描いたビジョンの中から、より重要でやる意味を強く感じる部分にフォーカスして、再度ビジョンを描いてみる。これを「親ビジョン」「子ビジョン」という。

◆「私は私の眼鏡」「相手は相手の眼鏡」で世界を見ていることを理解したうえで相手の真意を問う。

第4章

〈解放〉「提案」を楽しむ心の状態をつくる

STORY

04 ◆ 不安

〈9月下旬〉

いよいよ、僕らのプランの最終報告が1週間後に迫っていた。

結局、最終的に最初4チームあったプロジェクトも、僕らともう1チームの2チームになっていた。残りの2チームは結局1カ月前に検討終了を申し渡され、解散していた。宇山先輩たちのチームもその解散した1つだった。

今回は本部長をはじめ他部門の役員、さらに聴講希望の社員も来る予定だ。最初は遠巻きに見ていたほかの社員たちも、僕らの変化を見て興味を持ちはじめているようだ。この最終報告でGOが出るのか終了するのかが決まる、大事なプレゼンテーションだった。

最終報告では、この構想の発案者である、僕がメインプレゼンターを務めることになっていた。

しかし、僕はここにきて、ナーバスになっていた。「自分の提案が本当に響くのか?」「それをする意味があると感じてもらえるのか?」――どれだけ準備をしてもその不安が湧いてくる。今この場では大丈夫でもいざ大勢を目の前にしてプレゼンをするとなると「緊張で言いたいことを十分に言えないのではないか?」とも思ってしまう。

今まで、僕は「自分がこれをしたい!」ということを自信を持って堂々と提案したという実感が自分の中にはなかった。どこかに「実績もない自分ごときが、こんなことを言っても、説得力に欠けるんじゃないか?」とか「何夢みたいなこと言ってんだ、考えが甘いんだと一蹴されるんじゃないか?」とか、ネガティブなイメージが浮かんできてしまうのだ。

もちろん、僕には「これを絶対に実現させたい!」という思いはある。ここまで伊川さんをはじめ、いろいろな人たちに教えてもらいながら、提案力に磨きをかけてきたという自負もある。

でも……、それでも僕にはまだ、本当の意味で成功体験がないんだ。

それは、ほかの2人にしても一緒だった。あれだけ盛り上がっていたのに、あと1週間を切った今、僕らには不安とプレッシャーが重くのしかかっていた。

ちょうど、今日は午後から伊川さんとのミーティングが入っていた。

「こんにちは船本です」と告げると、奥からいつもの感じで伊川さんが応じてくれた。

「お～、いらっしゃい！　どうぞ入って。いよいよ来週が最終プレゼンだね。準備はどう？順調にいってる？」

「あっ、はい、まあいろいろと考え得る準備はしているつもりなんですが……」

「んっ、どうした？　なんか元気がない感じがするけど。本番を1週間後に控えて、急に自信がなくなってしまった。思いはあるのにそれが相手にちゃんと伝わり、心を動かすことができるような気がしない。どうしたらいいんだ……そんな感じかな？」と伊川さんはにこやかに言った。

「あの、まさにまったくおっしゃる通りで、正直かなり不安に思っています」

「まあ、入って入って。話を聞くよ。またコーヒーでいいよね？」そう言って伊川さんは僕らに中に入るようにうながした。

それから、30分くらい、僕らはひとしきりそれぞれの今の不安や焦りみたいなものを吐き出した。

「そうか、なるほどね。その気持ちはわからなくもないよ。僕も昔は提案することが本当に苦手だったから。同じような感覚は何度も味わったよ」

ひとしきり僕らの話をずっとうなずきながら聞いていてくれたあと伊川さんは、少し懐かしいような顔をしながらそう言った。

「えっ、伊川さんがですか？　信じられない」と多花世が言った。

「与えられた役割に応じたことや、求められたことに対しての提案はそれほど苦手じゃなかったし、むしろうまいほうだったと思うよ。でも自分が〝こうしたい〟とか〝こう思う〟ってことを言うことに苦手意識がすごくあったんだよね」

それは、まさに今の僕の心境と同じだと思った。

「結局その頃の僕は、〝自分自身がどう思われるか？〟というところばかりが気になっていたんだよね。極端な言い方をすれば、相手が望んでいることや求めていることに対し、〝どう伝えれば満足してもらえるか？〟〝どう伝えれば評価してもらえるか？〟ってことにばかり意識が向いていた」

今の伊川さんの感じからは想像もつかないが、それでもこういう感覚があったことに僕は驚き、そしてなぜかほっとした。

「目に見えている問題を解決するならそれでもいいかもしれない。でもそのやり方では改善や、相手の予想の範囲内のことはできても、新しいものを生み出したり、本当の変革もできないんだよ。まだ相手にも見えていないけれど、〝こうなったら素晴らしいと思いませんか？〟という提案をすることがなければね」

その通りだと僕は思った。新しいものを生んだり、変革をするとき、初めは賛成よりもむしろ反対されたり、バカにされたりすることのほうが多いかもしれない。でもそれは怖い。しかし、その先に進めなければ、結局何も変わらないんだ。頭ではわかっているんだ。

「提案することに苦手意識があったり、緊張したり、怖いとすら思う理由の1つは、その提案を否定されることは、自分が否定され価値がないと思われることだと無意識に結びつけてしまっていることだったりするんだ。そしてその痛みを避けたいという深層心理が働くんだよ」

僕らは、その言葉をそれぞれの体験と重ねて受け止めていた。

「まあ、ちっぽけなプライドといえばそれまでだけど、でもけっこうその頃は自分にとっては重大なことだったんだよね。周りからバカにされないこと、否定されないこと、一目置かれることがね。でもあるとき、きっかけがあってね、僕は初めて、自分のちっぽけなプライドよりも大事なこと、それを実現することに意味があると心から思えることに出合ったんだ」

「それは、どんなことだったんですか?」と多花世が尋ねた。

「会社勤めをしていた頃、僕の周りでは、休職を余儀なくされたり、退職するメンバーが増えていった時期があったんだ。すごく希望に燃えていたやつ、真面目で優しかったやつ、いつもほかの人の心配をしていたやつ、気がつくとそういうやつらがどんどん疲弊してしまっていてね。中にはこのままどこかに消えて戻って来なくなってしまうんじゃないかって感じるくらい思い詰めているやつもいて」この伊川さんの体験に胸が締めつけられるような感じがした。まさに僕らの周囲でも同じようなことが起きていると僕は思った。

「僕自身、成果を上げて周囲に認められるためにハードワークをしていた。でも同時に、自分の考えよりも、求められることを優先するといった仕事の仕方に自然となっていた。結果が出ているうちはいい。でも結果が出なくなると矛先が自分に向けられる。〝何やってんだ！〟ってね。周りのそういった声を黙らせるには成果を上げるしかない。いつしか自分がダメなやつと思われないために、お荷物だと思われないためにハードワークをしているような感覚になっていた。どんどん苦しくなっていった。夜になると、朝が来ないでほしいと思って眠れなくなったりもしたよ。そんな状況の中で、ふと思ったんだ。〝オレは何をやってるんだ！　本当にこのままでいいのか！〟って」

そう語る伊川さんは、怒りや悲しみを押し殺しているように僕には見えた。その横顔は今まで見たこともないような表情だった。

横を見ると、多花世が目を真っ赤にしていた。熱美先輩は真剣な眼差しで一言一句かみ締めているかのように聞いていた。

「創太くんのお父さんと同じ、僕も本来仕事って人を幸せにするものだという価値観を持っている。でもその仕事で、人がどんどん疲弊していったり、自分の思いを押し殺して、やる意味を十分感じられずにハードワークをしている状態って、絶対におかしいって思ったんだ」

そこまで語ると、伊川さんは目をつむり少しだけ間をとって、そしてコーヒーを一口飲んだ。大きくひと息つくと、その表情にはまたいつものやわらかい明るさが戻っていた。それから伊川さんは話を続けた。

「人が本当にやる意味を感じ、自分の思いを大事にしながら、成果につながる仕事をしていけるようになるためには何が必要なのか？　それを阻害しているものはなんなのか？　いつしかそんなことが自分が本当に探求したいテーマであり、やる意味を深く感じられることだって思ったんだ。そして、同時に思った。そうなることを望んでいる人は自分だけじゃない。たくさんいるはずだって」

それを聞いて僕は何度も大きくうなずいた。

「会社にいること、仕事をすることの〝意味のイノベーション〟をしたい。それが僕にとって本当に大事なことになったんだ。それから、いろいろ学んで、構想して、いろんな人たちにプランを提案して、会社内外でさまざまな取り組みを始めてみた。バカにされたり、けげんな顔をされたり、うまくいかないこともたくさんあったけどエネルギーは尽きなかったよ」

伊川さんの話を聞きながら、僕の中でいつしか不安やプレッシャーという感覚が薄らいでいくのを感じていた。その代わりに熱いものがふつふつと湧いてくるような感覚があった。

「君たちにとって今回のプランを提案することはさ、自分自身がどう思われるかなんかより、はるかに大事なことが詰まっているんじゃないかな。もし本部長に却下されたり、その場にいる人たちに賛同されなかったとしても、それでも君たちはなんとかそれを実現する方法を考えようとするんじゃないか？」

僕はいろんなことを思い出していた。これまでの半年の出来事、出会った人たち、その思いやつらさや願い。そしてそれを、ずっと一緒に見て体験して考えてきた多花世と熱美先輩のことを。

この提案をするということ、そして実現していくということは、そうした思いの１つ１つを大切にしていくことなんだ。

伊川さんに問いかけに、僕は約半年前に藤崎本部長から言われたひと言を思い出していた。

「この案をもし却下されたら、会社を離れてでもやりたいと思えるか？」というひと言を。

僕らは、本部長に提案をするんじゃない。事業プランを通すことが目的でもない。

僕らの目的は、自分たちが喜んでほしいと思う人たちに、新しい可能性を感じる状況と方法を創り出すことであり、それをともに創り上げたい未来の仲間すべてに対して提案をするんだ。

「伊川さん、ありがとうございます。何か自分の真ん中に火がともったような気がします。燃え盛る炎というよりは、人を温かくするような火が」

「お〜、創太くん詩人だね〜。でもその感覚はとっても大事なものだよね。多花世ちゃんと熱美くんはどう？」

「私はなんかふつふつとたぎるような感覚が出てきました！」

「オレは、なんか2人を守ってやりたいようなそんな気持ちが出てきたかな」

「お～、いいね、それぞれの個性が出てる感じで」そう言って伊川さんはうれしそうに笑った。

「たかがプレゼンよ！　それがうまくいこうがいくまいが、私はこのプランを絶対に形にしたい。創太さんとは役割は違うけど、私たちはチーム。心は1つよ！」と多花世が言えば

「そうだ、プレゼンなんて単なる通過点の1つだ！　楽しめばいいんだよ！」と熱美先輩が応じる。

「え～っと、プレゼンするのは僕なんですけど……。でも気が楽になってきた。当日どこまで伝えられるかはわからないけど、僕は僕が大切にしたいと思うことを、聞きに来てくれた人たちに分かち合う。そんな気持ちで伝えようと思います」

「うん、いい顔してるね。あっそうそう、最後の仕上げのときの参考として、伝えるべき項目をピックアップしたシートをつくったので、プレゼンのスライドをつくるときの参考にしてごらん。スライドは紙芝居や絵本をつくるような感覚でね。イメージが湧くビジュアル、重要なメッセージなどでシンプルに。そして大事なのは、その項目を〝説明〟するのではなく〝語る〟んだってことは忘れずにね」と伊川さんは笑った。

それから、僕らは伊川さんと、来週の報告会の作戦会議を少しだけして、ミーティングを終えた。

「来週の最終報告が終わったら、遊びにおいで。近所のとびきりおいしい肉料理のお店を予約しておくから。そこのお店の内装は木がふんだんに使われていてほんといい感じなんだよ」そう楽しげに言う伊川さんに僕らは笑顔で応えてオフィスをあとにした。

その夜、僕はプレゼンのプロットを書きあげた。「僕が本当に伝えたいことは何か？」「何が実現できたら本望だと思えるか？」ということを再確認しながら書いてみた。

僕が体験したこと、見聞きしたこと、あの実家での1週間で強くした思い、それらを伝えよう。そのときの写真なんかも見てもらいたい。この事業の可能性は本当に大きい。まだ1週間ある。高島さんや大島さんにも見てもらおう。高島さんに紹介してもらった、カフェのオーナーさんにももう1度会ってみよう。

プレゼンのプロットをつくりながら、僕の意識はいつしかプレゼンのことではなく、この事業をどう実現させていくかに向いていた。

プレゼン・プロット（流れ）

伝えたいこと

・僕が実現したいビジョンは
→「林業から、森で人を幸せにする業へ」大きなビジョン
→「森と人、人と人をストーリーでつなぐプラットフォーム」

・なぜそれを実現したいのか？
→父から受けついだDNA、そこにいる人たちの情熱、林業が持つ大きなポテンシャル、そんな素晴らしいモノ、コト、想いを分かち合えば必ず担い手も、使い手も増えるはず。林業を森で人を幸せにする業に変えて、活性化できるはず。（大島さんの想いも伝える）

・そのビジョンの実現によって生まれる価値は？
→担い手や作り手が増え、使い手が増え、日本の木が使われる機会が増える。そこに満足感や充実感が生まれている。（具体例も）
→未来の地球環境への貢献（SDGs）

・そのためのキーアイディアは？
→担い手や作り手の想いをストーリーにすることで、そこで働くことやそこで生まれたモノやコトを使いたいと思える。そんな情報をふんだんに伝えていくこと。

・事業性と将来の可能性は？
→林業というポテンシャルは非常に大きい。
→ストーリーとそれに共鳴してくれる人が増えると、それはブランドを生んでいく。付加価値の高い商品やサービスの生まれる可能性
→担い手や作り手、使い手が増えることで新しい事業がそこから生まれてくる可能性

・なぜそれを我々がやる意義があるのか？
わが社は単なるIT企業ではない。ITの力を今と未来に生きる人たちの幸せにつなげることをミッションにしている。本当に大事なこと、そして厳しい分野（林業）だからこそ、我々がやるんだ！

〈伊川が3人に渡した、伝えるべき項目ピックアップ〉

Vision

ビジュアルイメージ
望ましい状態を
想起させる

キーワード
望ましいイメージを
象徴する言葉

Happy

具体例
誰がどうなり、何が
どうなっているのか？
スライドではキーワードで

**ビジュアル
イメージ**
望ましい状態を
想起させる

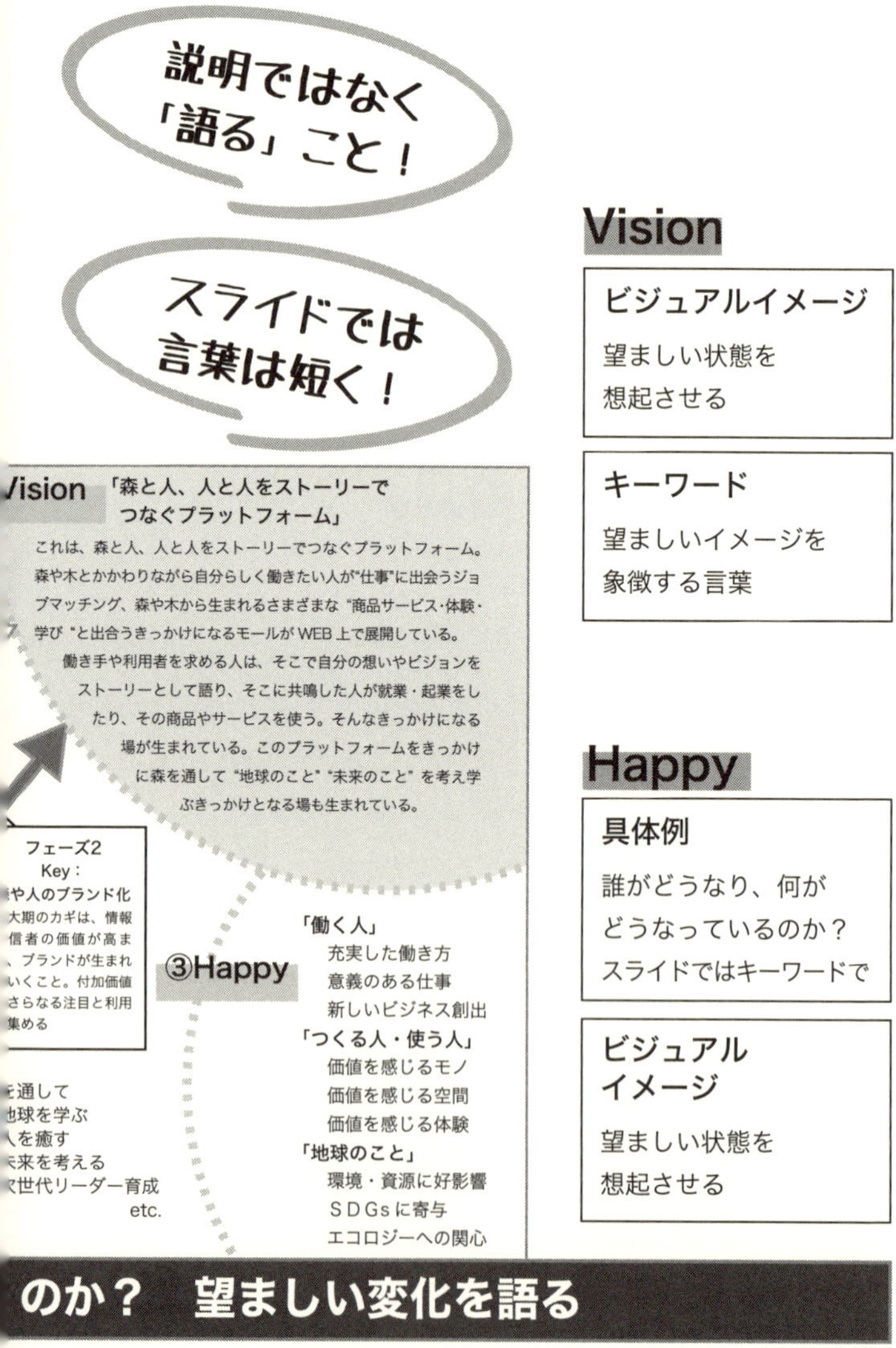

説明ではなく「語る」こと！
スライドでは言葉は短く！
Vision 「森と人、人と人をストーリーでつなぐプラットフォーム」
これは、森と人、人と人をストーリーでつなぐプラットフォーム。森や木とかかわりながら自分らしく働きたい人が"仕事"に出会うジョブマッチング、森や木から生まれるさまざまな "商品サービス・体験・学び "と出合うきっかけになるモールがWEB上で展開している。
働き手や利用者を求める人は、そこで自分の想いやビジョンをストーリーとして語り、そこに共鳴した人が就業・起業をしたり、その商品やサービスを使う。そんなきっかけになる場が生まれている。このプラットフォームをきっかけに森を通して "地球のこと" "未来のこと" を考え学ぶきっかけとなる場も生まれている。
フェーズ2
Key：
や人のブランド化
大期のカギは、情報
信者の価値が高ま
、ブランドが生まれ
いくこと。付加価値
さらなる注目と利用
集める
通して
球を学ぶ
を癒す
来を考える
世代リーダー育成
etc.
③Happy
「働く人」
充実した働き方
意義のある仕事
新しいビジネス創出
「つくる人・使う人」
価値を感じるモノ
価値を感じる空間
価値を感じる体験
「地球のこと」
環境・資源に好影響
ＳＤＧｓに寄与
エコロジーへの関心
のか？ 望ましい変化を語る

プレゼンテーションで伝えるべきポイント

Key-idea

ロジック
なぜそれがビジョンや
ハッピーを生むのか？

キーポイント
成功させるため
のカギは何か？

イメージ
具体的な内容が
わかるようなもの

展開・具体例
導入や展開の
イメージ、具体例

収益構造※
お金やモノ情報
などの流れ

※事業提案の場合

Why

エピソード
スライドでは
キーワードで

自らの想い
スライドでは
キーワードで

変えるべき現状
(事実や数字、シリアス
ビジョンなど)

新たな林業生態系ビジネスモデル
Ver 2.
④Key-idea
フェーズ1
Key：
情報の力点を変える
スタート期のカギはいかに独自性を感じ、注目してもらえるか？
モノの価値やスペックではなく人の想いに力点を置いて発信する
Job
“ストーリー型情報発信”
森と人、
人と人をつなぐ
ジョブマッチング＆
ショッピングモール
サイト
“Wood
Good
Story”
Job
“ストーリー型情報発信”
Mall
Mall
②Why
「想いが人を動かす」
森で働く人たち、そしてその木を使って商品やサービス、空間を創る人たち。皆それぞれの想いとビジョンとストーリーがある。それを聞けば聞くほど、応援したい気持ちになったり共に何かしたくなったり、その人が創るものを欲しくなったりという気持ちになった。
今、日本の林業はとても厳しい。でもそこにいる人たちの想いやビジョンが伝わっていけばきっとかかわる人、担い手、使う人が増えていくのではないか？そこで働く幸せを感じ、それを使う幸せを感じる、そんな瞬間を増やしたい
Earth
ecology
“地球市民
カレッジ”

ストーリー：何が、どんな風に変化する

世界を見よう、危険でも立ち向かおう、壁の裏側を覗こう、もっと近づこう、もっとお互いを知ろう、そして感じよう、それが人生の目的だから

『LIFE』のスローガン

提案が苦手だと感じる根底にあるもの

最終報告会を1週間後に控え、3人は不安とプレッシャーに押しつぶされそうになっています。特に創太はここにきて、自信が持てず、あげく「僕には成功体験がない」と言い出してしまいました。

真面目で、相手の期待に応えようと一生懸命になっている人が、このように自信を持てずに、本来持っている力を発揮できなかったり、チャレンジの機会を逃していたり、可能性を開花させることができずに悶々としていることはよくあります。「あ〜、もったいないな〜」と思います。

提案をすること、人前でプレゼンをすること、そういったことに苦手意識を持っている人は本当に多いと思います。その根底には何があるのでしょうか？

提案をすることで、起きてほしいこと、逆に起きてほしくないことなんでしょう？

起きてほしいことは、提案を受け入れてもらえること、提案が高評価されること、価値ある時間をすごしたと思ってもらえること、提案をする私自身の価値を認めてもらえること、相手との間に信頼関係が生まれること。こんなところでしょうか。

逆に起きてほしくないことは、提案を受け入れてもらえないこと、期待外れと思われること、ムダな時間をすごしたと思われてしまうこと、提案が評価されないこと、提案をする私自身が価値のない、能力がない、役に立たない人間だと思われてしまうこと。こんなところでしょうか。

実は、**怖れの源は、相手に評価されず、信頼されず、期待に応えられないことで自分が自分に無価値感、無能感を感じてしまうことにあったりします。**

もちろん、提案そのものに対する評価、採用される喜びや安堵、また採用されない悔しさや無力感はあると思います。しかしそれだけであれば、採用されなかったり、評価をされなかったとしても、「よし次はがんばろう！」となるだけです。

緊張や自信のなさ、それらが引き起こすパフォーマンスの低下（「頭が真っ白になる」「今何を話しているのかわからなくなる」「そわそわと落ち着かないしぐさ」「なぜか内容にそぐわない笑顔」「〝すいません〟が多い」……etc.）は、やはり自分に向けられる評価の目に対する怖れなのです。

必要な緊張といらない緊張

苦手意識のキーワードとして出てくるものの代表格「緊張」。

先ほど紹介した「学習する組織」の提唱者ピーター・センゲ博士は、緊張には2種類あると言っています。「創造的緊張（クリエイティブ・テンション）」と「感情的緊張（エモーショナル・テンション）」です。

創造的緊張は自らのビジョン（ありたい姿）と現実との乖離を、挑戦するエネルギーに変える力があります。今していることへの意味を感じられて、インサイドアウトに基づいて動けているとき、人は創造的緊張を維持し、自分を高めることができます。これは必要な緊張です。

一方で感情的緊張は不安によって生まれます。それをできない自分を「恥ずかしい」と感じることや、「能力がない」「役立たずだ」と評価されてしまうことを怖れると、そこに感情的緊張が生まれ、そこから逃れようというマインドになってしまいます。そうすると、結果としてチャレンジをする機会を逃したり、いつまでも成長できないまま自信を持てずにいたり、そういう場面に臨もうとするときに感情的緊張がまた湧いてきてしまうのです。

苦手意識を持っている人が言う緊張は「感情的緊張」です。アガってしまい、頭が真っ白になったりして、自分が何を言っているのかわからなくなり、そわそわします。無理になくそうと思うほど、よけいに緊張するというやっかいな代物でもあります。これはいらない緊張です。

この「感情的緊張」を緩和し、自分を解放するアプローチの1つは、「創造的緊張状態をつくる」ことです。

「創造的緊張」の状態をつくるためには、その提案をする意味、「その提案の先に自分は何を実現したいと思っているのか？」という原点に立ち返ることです。こうしたプレゼンの場の1つ1つが、ワクワクするビジョンに近づくための挑戦のプロセスの1つだと捉えることで、自分の中の熱を呼び起こす感覚です。その熱が感情的緊張を創造的緊張に変えてくれるのです。

伊川が3人に思い出させようとしたのはそのことです。

君たちにとって今回のプランを提案することはさ、自分自身がどう思われるかなんかより、はるかに大事なことが詰まっているんじゃないかな。もし本部長に却下されたり、その場にいる人たちに賛同されなかったとしても、それでも君たちはなんとかそれを実現する方法を考えようとするんじゃないか？

（233ページ）

このセリフの中にこめられた思いは、「あなたたちは今素晴らしいことを成し遂げようとしているんだよ」ということです。

プレゼンが技術的に未熟であったとしても、このスタンスがあれば、少なからず相手に届きます。逆に、技術的に高いレベルにあったとしても、提案しようとしているものに、当人の熱い思いや、相手にとって価値あるものを自分は渡そうとしているんだという信念がなければ、相手には届きません。

周りの評価なんてクソくらえ！

感情的緊張を引き起こす「不安」。その不安は、外からの低評価に対する怖れから生まれます。いかに人は外からの評価にがんじがらめになって、本来の自分の中にある思いや創造性を解放できないでいることか……。そんな憂いや憤りが私にはあります。

感情的緊張から解放されるために、だからこそあえてこんな風に思ってほしいのです。「周りからの評価なんてクソくらえ！」と。

これは、自分の好き勝手に振る舞えとすすめているわけではありません。他人からのフィードバックは真摯に受け止めるべきです。それによって気づけなかった自分の弱点を克服できたり、より成長につながっていくことができるのですから。ただ、**あまりに真面目にすべてのフィードバックを受け止めようとしすぎると、それに応えることが目的になってしまいます。それでは本末転倒です。**

この「クソくらえ！」はあくまでそこに振り回されないスタンスでいることを大事にしてほしいということです。あまりに人の評価や期待が気になってしまう人は、心の中で3回つぶやいてください（笑）。

大切なのはあなたが、あなたの中にある素晴らしい思いや創造性を解放できること。そして結果として周りに貢献できるあなたになることです。そのためだったら「クソくらえ！」と心でつぶやくことも必要なんです。（あっくれぐれも直接相手に言わないでくださいね。マズイことになりますから……（笑））

怖れのメカニズム

人間には悪く思われたくないという意識があります。悪く思われたら自分の居場所がなくなったり、自分は無価値な存在であるという痛みを感じなければならないと思い、怖れを抱き、周りに迎合してしまうものです。

まだ自分では生き抜くことが難しい小さい子どもの頃は、周りの期待、たとえば親、教師、そのほか自分にかかわる大人の期待に応えることで、自分が存在していいんだということを確認しています。大げさにいえばそれが生きる術なんです。そしてその体験から「○○でなければならない。そうでなければ価値がない、そうでなければ居場所がない」というメンタルモデルを形成していきます。

それは大人になっても無自覚に自分の行動を制限します。もう、その観念は手放してもいいのに、手放せずにずっと抱きつづけているのです。

「細いロープにつながれた象の話」を聞いたことがあるでしょうか？　サーカスの象は細いロープにつながれているだけなのに逃げ出そうとしません。その力をもってすれば簡単にちぎれるようなロープなのに。それは子象のときに鎖でつながれ、引っ張ってもちぎれないどころか、痛み感じる経験をすることで、「どうせ引っ張っても逃げられないし痛い思いをするだけだ」というメンタルモデルが生まれるからです。そうすると、ロープを引きちぎる力が身についていても逃げようとしなくなる。これが怖れのメカニズムです。

少し抽象的な表現ですが、評価が気になってしまうという人の多くは「期待に応えられなければ自分は無価値で無能な存在だ」という無自覚なメンタルモデルを持っています。それを象徴するような言葉があります。それは「使えない」という言葉です。耳にしたり口にしたりすることはありませんか？

「あいつは使えない……」「自分は使えない……」と発する言葉の根底には、このメンタルモデルがあるのです。私も無自覚によく自分が心の中で、あるいは口に出して使っていることに気づきました。この言葉の怖さに気づき、今では使いません。

そこから自分を解放するには、自分が本当に創り出したい状態、それが実現できたら本望だと思えることは何かを考えることです。「自分がどう思われるか？」ではなく、自分がすることの意義と価値、**「自分の内から湧き出る、それをする意味があると思えることは何か？」**というインサイドアウトにフォーカスするのです。

言葉で自分を解放する

行動に移すとき、自分を解放する言葉は大事です。私も昔は周りの期待や評価にガチガチに縛られ、感情的緊張を常に感じているようなタイプでした。期待外れと思われたくないので周りの期待に全部応えようとします。それで疲弊をしていきます。

こんなとき、自分を解放する言葉を持つと効果があります。

今はそれほどありませんが、それでも提案の場面で不安に襲われたそうになるときよく心の中でつぶやいていた言葉があります。それは**「受け取るのは相手の自由。自分はただ自分が本当に相手にとって価値があるだろうと感じるものをこの場に差し出すのみ。ただそれだけ」**というものです。

こうやって、いったん評価や期待というものから解放されたところから、スタートをすることができるようになりました。

今では不安から解放するというよりも、自分の意識をそこに向けるためによく心の中でつぶやきます。自分を取り戻すおまじないのようなものです。

このとき大事なのは、自分が本心からそうは思っていないポジティブワードを並べないこと(笑)。自分を解放する言葉のポイントは、自分が本当に大事にしたいことを思い出し、意識をそこに向けられるような言葉を選ぶことです。

「私は絶対できるんだ！」「自分はスティーブ・ジョブズだ」と言って、本当にそうなり切れるならいいのですが、たいていの場合よけいに緊張してきます。ちょっと肩の力を抜いて、自分をゆるめて、「周りがどう思うかは関係ない。今自分が大切だと感じるメッセージを思いをこめて伝えるだけ。ただそれだけ」と唱えて臨むくらいがちょうどいいのです。まさに自然体です。

「たかがプレゼンよ！　それがうまくいこうがいくまいが、私はこのプランを絶対に形にしたい」という多花世の言葉も、「プレゼンなんて単なる通過点の1つだ！　楽しめばいい」という熱美の言葉も、「解放する言葉」です。

ぜひ、あなたにとってしっくりくる言葉を探してみてください。自分を縛るものから自分を解放する魔法の言葉を見つけて、評価や期待からの不安に押しつぶされそうになったらそれをいつも思い出してください。

「周りの期待や評価に適合するのではなく、根底には自らの意思、自らのインサイドアウトで生きる。周りがどう思おうとそれは周りの価値観や観念だ。それに従って生きるのは自分の人生ではない」

そんなスタンスにまず立つ。そこから人の期待に応えたり、人の役に立とうとすることが大事なのです。この感覚があなたを解放し、本来の力や創造性を発揮させてくれるはずです。

視座を変えると見方が変わる

視座を変えるとは、物事を見る位置を変え、違う視点から見てみるということです。

私は、プレッシャーに押しつぶされそうなとき、問題が大きくのしかかって苦しいときによく自然の中に出かけます。森を歩いて、満天の星空を見上げます。そうするとだんだん、自分が抱えているものがとってもちっぽけなものに思えてきます。
自分が今こうして悩んでいることも、悠久の自然の営みからしたら、ゴマ粒みたいなもんだよなという気がして笑えてきます。
「宇宙から見たらこの状況はどう見えるんだろうか？」「太陽の視点から見たらこの状況はどう見えるんだろうか？」と考えると、自分の悩みがとてもちっぽけなことに思えてきます。

スティーブ・ジョブズ氏は「人間はいつか死ぬのだと思い出すことが、何かを失う不安の罠にはまらない最善の策です。人間はそもそも裸なのです。自分の心に従わない理由などありません」と言っています。その視座に立てば、人はすべて平等で、上も下もない。誰かの評価に心を縛られる必要など何もないのです。

たとえば、提案する相手、説得をしなければいけない相手が強面《こわもて》のあの人だったとします（あなたの周りにいる手ごわい人を思い浮かべてください）。そうあの人です。しかし、その人も人間です。普段は肩書やら実績やらの鎧《よろい》を着ていますが、人間ですから弱さもおかしみもあります。さあ想像してみてください。その人がクレヨンしんちゃんのコスプレをしているところを……（笑）。

また、その人にも、必ず2～3歳だったときがあります。昔から強面だったわけではないはずです。とっても無邪気でかわいかったはずです……たぶん（笑）。きっとその人の中で大変なエピソード、メンタルモデルを形成するに至った経験があるはずです。その強面は、あなたに向けられたものではなく、プレッシャーや怖れから自分を守るために身につけている鎧なのかもしれません。

さあ、どうでしょう？

相手を自分を批判してくる怖い存在と見るのか、己を守ろうと必死になっている存在と見るのか、はたまたいずれ味方になってくれる可能性のある存在と見るのかは、あなたの見方、かかわり方次第です。

人には、その人の見方や価値観がある。だから、あなたの提案するものをいきなり受け入れてくれるなんてそうそうあるもんじゃない。それが当たり前。そして**相手は相手の眼鏡であなたやあなたの提案を評価するけれど、別にそれがあなたの価値を損なうものでもなんでもない。**ただそういう見方がそこにある。ただそれだけなんです。

だから、不安やプレッシャーから自由になってください。怖れる必要のないものに怖れるのはバカバカしいことです。

そして、その自由なあり方から、誰かとともに素晴らしいものをつくりだそうとしていくスタンスに立てば、不安を感じる必要など何もないことに気づけるはずです。ただそれをするだけ。うまくいかなかったとしても、ではどうしたらうまくいくかを考えて再トライする。一時の評価に一喜一憂している暇なんてないのです。

自分のビジョンがもたらしてくれるもの

どんな場面でも、自分が語ることに自信を持ち、堂々と語ることができたらどんなに素晴らしいでしょう？　しかし残念ながら、どんな場面でもそうなれるという絶対的なセオリーを私はまだ知りません。

しかし、自分が語ろうとすることに意味を感じ、創造的緊張の状態を創り出すことにつながると体験的に私が強く感じていることがあります。

それは自分のビジョンを持つということです。

「自分はこの人生を通じて何を実現することができたら本望だと思えるか？」

その**インサイドアウトからの思いやイメージが、ほかの人にとっても意味があると感じられるとなったとき、それは共有ビジョンになります**。まさに「自分も相手もそれをしたくなる（ほしくなる）物語」です。

それが見出せると、自分の中にまるで静かな情熱の炎が置かれたような感覚になり、ほとんどの不安は消えていきます。そこにあるのは、ただそれを見てみたい、実現したいという願いから、挑戦しつづけようという創造的緊張です。

そのビジョンの実現につながることをする。また今やることとそのビジョンの実現を紐づけ意味づける。そうすればそれはあなたにとってすべてやる意味を感じられることになっていきます。

自分のビジョンを描き、自分の周りにあること、仕事、活動をそれに紐づけて意味づけてみてください。どうしても紐づかないものは少しずつ手放し、その代わりに紐づきそうなことを新たにやるようにしてみてください。

それを繰り返していると、あなたがそれをする意味を感じることをする割合はどんどん増えていきます。それはあなたに強いエネルギーをもたらし、イキイキとしたあなたを見て、周りは「この人と一緒に何かやりたい」と思うようになってきます。

これがビジョンがもたらす好循環です。

「提案」とは、あなたが望む世界をこの世に出現させる手段です。 それは、大きなことから小さなことまでいろんなシーンで使える力です。インサイドアウトを起点に、ビジョンを描き、そのビジョンを起点に、クリエイション（創造）していく。

誰の中にも、想像力と創造力があります。もし自分にはないと感じていたとしたら、それは解放されていないだけです。ワクワクドキドキしながら、秘密基地で作戦会議をするように考えて、分かち合うことを楽しめば、きっと解放されていきます。

何かを変えることや、何かを新しく創り出すことは大変です。周囲の変えたくないという空気に押しつぶされそうになったり、誰かに嘲笑《ちょうしょう》されるかもしれません。露骨に反対されるたり、思うように進まずイライラモヤモヤすることだらけかもしれません。

でも、実現する意味があるとあなたが感じられるビジョンは、あなたをドMにしてくれます。ドMは強いですよ〜。苦しくても楽しいと感じてしまうのですから（笑）。

魅力的なビジョンにつながることをやれているという感覚があると、やることそのものが楽しくなっていきます。

そして、**ビジョンは描き・語り・動けば、育ちます**。人と分かち合い、共有し、巻き込んでいくプロセスの中で、共振共鳴する仲間が現れます。賛同するお客さまが現れ、あなたの熱意を見て心を変える人たちが必ず現れます。

そのビジョンはいつしか自分だけのものではなくなり、やがて自分で思ってもみなかったようなところに自分を連れて行ってくれます。これは何にも代えがたい大きな喜びになるはずです。

第4章まとめ

◆提案することへの怖れの源は、相手に評価されず、信頼されず、期待に応えられないことで自分が自分に無価値感、無能感を感じてしまうことにある。

◆創造的緊張を高めるためには、提案をする意味、「その提案の先に自分は何を実現したいと思っているのか？」という原点に立ち返る。

◆感情的緊張から自分を解放するには、自分が本当に創り出したい状態、それが実現できたら本望だと思えることは何かというところにフォーカスする。

◆自分を解放する言葉を持つことは大事。ただし、自分が本心からそうは思えないポジティブワードを並べない。自分が本当に大事にしたいことを思い出し、意識をそこに向けられるような言葉を選ぶ。

◆プレッシャーに押しつぶされそうになったら、視座を変えてみる。物事を見る位置を変え、違う視点から見てみると、同じ状況も、同じ相手も、まったく違った見え方をしてくる。

◆自分のビジョンを持ち、自分がそれをする意味を感じられることを増やしていくことが、あなたの中に強いエネルギーと、提案を楽しむマインドを生み、それが提案をするあなた自身の魅力になっていく。

◆ビジョンは描き・語り・動けば、育つ。やがて思ってもみなかったようなところに自分を連れて行ってくれる。

STORY 05 ◆ エピローグ

〈最終プレゼンから2年後〉

僕は2年前3人でよく行ったカフェに来ていた。

「おー、創太久しぶり！」

熱美先輩が思い切り手を振りながらぼくを手招きしている。隣には多花世もいた。

「熱美先輩、今日はありがとうございます！　楽しみにしていました。多花世も元気そうだな！」僕らは約1年ぶりの再会を心から喜んでいた。

遅れてきた僕が注文を終えるのを待って、熱美先輩が話しはじめた。

「創太も元気そうだな！　新しい事業は順調に進んでいるのか？」

「まだ、いろいろと課題は山積みですが、興味関心を持ってくれている先が本当にたくさんあって、これから面白いことになっていきそうですよ。お2人はどうですか？」

「私は、今度SDGsフォーラムで、フジテックの事例を発表するの。今やフジテックはSDGsを事業に組み込んだ展開のモデル企業の1つとして見られているんだから。創太さんたちとの取り組みの話もそこでする予定よ」と多花世は満足気に答えた。

「オレは、今度1カ月の特別休暇を申請して、ボランティアスタッフとして子どもたちと船の旅をしてくるよ。まあ、あのプロジェクトのあと、みんなそれぞれ変化したよな。中でも創太が一番変わったんじゃないか？」と熱美先輩が言った。

「ほんと、今の創太さんは、あの頃の自信なさげな感じは想像もつかないもの。ね、創太さん」と多花世はうれしそうに言った。

「おっ、なんだ、なんか2人いい感じだな〜。もしかして……？」

「熱美先輩、そういう話はまたあとで……ね。今日はせっかく3人で久しぶりに顔を合わせたんですから」と僕が言えば、

「そうそう、熱美先輩もずいぶんと活躍してるじゃないですか！　話を聞かせてくださいよ」と多花世も続く。

「なんか相変わらず上から目線なんだよな、多花世は」と熱美先輩が言い、そのあと僕らは、これまでのこと、これからのことをたくさん話し、そしてたくさん笑い合った。

あの2年前のプロジェクトにGOがかかった最終プレゼン以降、さまざまなトライアルを重ねながら、今年の初めに親会社のフジテックの出資を受け、事業会社を立ち上げることになった。僕は共同代表としてそこに参画している。本体でやるにはまだ未知数なのと、社内

のさまざまなプロセスが逆にスピード感を奪ってしまう可能性があるという判断だった。
事業会社化を最も推してくれたのは藤崎本部長だった。出資は受けているものの、フジテック の枠組みには縛られず自由に活動ができる。

父の会社には兄も加わり、新しい取り組みを進める体制を整えていた。父の会社をはじめ複数のパートナー企業と提携をしながら、「〝林業〟から〝森で人を幸せにする業〟へ」をコンセプトにさまざまな新事業がスタートしようとしている。大島さんがメインの事業もある。伊川さんにもパートナーとして事業展開のサポートをお願いした。

多花世は今年の初めに、広報部門で立ち上がったSDGs推進特別チームに、自ら志願して異動をした。僕の事業とSDGs推進という観点で協働しながら、「企業のSDGs推進モデルをつくって日本の企業を変えるんだ！」と理想に燃えている。

熱美先輩は、あのプロジェクトが発展的解消をするのと同時に、新たなクライアントを担当するセクションにチームリーダーとして着任。同時にプロボノという形で難病の子供たちの夢を叶える取り組みをするNPO活動もしている。まさにライフワークだ。

僕らは、あのプロジェクトのあと、それぞれがワーク・ポートフォリオを描きつつ、自らのインサイドアウトをベースに、自分の思いを叶えている。「真の提案力」を身につけることで、僕らの人生は変わったといっても過言ではない。

数年前から「働き方改革」や「副業解禁」、そしてテクノロジーの進化もあいまって、企業やそこで働く人たちを取り巻く環境はどんどん変わってきている。フジテックも同じだ。

そうやって、自由度が増していく中で、逆にどうしたらいいのかとまどっている人たちも多くいるように感じる。働くことの自由度が高まるということは、今まで以上に不安定になっていくことなのかもしれない。

今こそ、1人ひとりが「仕事を通じて何を実現できたら本望なのか?」「なぜそれをしたいのか?」といった仕事の意味を自らに問うことが大事なんじゃないかって思う。

そして、それを人に伝え、巻き込みながら実現していく「思いと技術」を持つことがこの時代を生き、働く僕らにとって必要不可欠なんじゃないだろうか。

僕は、この事業をすることの意味、本当の価値は、僕らがここまでどう変化したのかということを、1人でも多くの人に伝えていくことかもしれないと思っている。本当に意味があると感じて仕事をしてもらうために。

つくりたい状態、望ましい未来のビジョンを描いて進む冒険は、これからもまた続いていく。

おわりに

提案することの本来の楽しさを思い出してもらうこと、そして、あなたの提案が、「自分も相手もそれをしたくなる（ほしくなる）物語」になるような観点と方法を身につけてもらいたいという思いで、私は本書を書きました。

「意味」「型」「物語」「解放」という4つの切り口は、どれも「提案する」ことが苦しくて、つまらなくて、苦手だった私が、「提案する」ことの面白さを思い出し、その技術を磨き、マインドを整え、提案することを楽しめるようになっていった体験と知見の集合体です。

この場を借りて、この体験と知見を私に与えてくださったすべての人に感謝を申し上げるとともに、その御恩を少しでも多くの方に恩送りできたらという気持ちがあります。本書もその1つの形だと思っています。

私の仕事観の中心には「仕事とは人を幸せにする業」という言葉があります。これは大学を卒業して、17年間勤めた会社で出会った創業者の言葉です。

ここでいう仕事とは、企業に勤めるとか、商売をするという次元ではなく、人生を通じて何かを創り出そう、成し遂げようとする行為すべてを指していると思っています。

子どもを育てること、温かい家庭を築くこと、世の中の不思議を探究すること、地球が持続可能な星でありつづけることを願って海岸でごみを拾い、森に木を植えること、夢中で身体を動かし、音楽を奏でること。自分を表現すること、アートすること……etc.

それがどんな活動であれ行為であれ、「それをする意味を感じ、誰かの喜びや何かがよくなることにつながるイメージがあり、自分の持ち味を生かして貢献できる感覚がある」ものはすべてビジョナリー・ワークです。

この本を手に取っていただいた方が、「提案」をすることを楽しみ、その観点と方法を知り、技術を磨く、その究極の目的は、1人でも多くの人が自分のビジョナリー・ワークをし、そして「幸せな人生を手に入れる」ためだと私は思っています。

世界がどんな変化をしていくのか、1人ひとりの個人がそれを予測するのは極めて困難で、その変化が加速度的であるのであれば、それに対応するよりも、自らが創り出したいものを創ることを中心に据えて生きるというスタンスのほうが人生は面白くなると思います。

まさにマハトマ・ガンジーの言葉にある「見てみたいと思う世界の変化にあなた自身がなりなさい」ということなんだと思います。

内から湧き出る衝動を、ビジョンに変えて、それを人と分かち合ってください。今いる場所をあなた自身が美しく楽しく面白い場所に変えていってください。変えていこうと提案し試みてください。

結果はどうあれ、それをすることに意味があると思えることに試行錯誤し、クリエイトするそのプロセスそのものが人生を面白く意味のあるものにしてくれると私は信じています。

創太たちは、プロジェクトをきっかけに、インサイドアウトから着想して、ビジョンを描き語ることを通じて、大きく変化をしていきました。

ビジョン描き語ることは特別なことではありません。初めから壮大である必要もありません。まずは真っ白なノートを1冊開いて、自分の思い、世の中に対しての願いを書いてみる。そんなことから始めてみてください。

そして誰かと分かち合ってみてください。その繰り返しの中でビジョンは必ず育っていきます。

そしていつか、この本がご縁のきっかけになってビジョナリー・ワークをして生きるあなたに会えることを楽しみにしています。

２０１９年　５月　鵜川洋明

鵜川洋明（うかわ ひろあき）

ミラクカンパニー株式会社代表取締役社長

キャリア・ディベロップメント・アドバイザー、ワークショップデザイナー

1996～2013年まで株式会社ファンケルで店舗事業統括マネージャー、銀座ファンケルスクエア館長などを歴任。主に新規事業や新業態構築、店舗スタッフ向け人事教育プログラム構築などを行う。

2013年に独立。現在は、情報編集やマーケティング・コーチングなどを融合・再編集した独自のキャリアデザイン手法「ビジョナリーワークデザイン」を確立。個人・法人向けに個別コーチングやワークショップ型研修、事業構築コンサルティングなどを提供している。これまでに、ビジネスパーソン、学生、主婦、アスリートなど、のべ5000人以上に伝え方を指導。

相手を巻き込む伝え方

2019年7月20日　初版発行

著　者　鵜川洋明

発行者　太田 宏

発行所　フォレスト出版株式会社

〒162-0824　東京都新宿区揚場町2-18　白宝ビル5F

電話　03-5229-5750（営業）

03-5229-5757（編集）

URL　http://www.forestpub.co.jp

印刷・製本　中央精版印刷株式会社

ISBN978-4-86680-046-2　Printed in Japan

ビジョンを描き
語るコツがわかる！

読者の方に無料
2大プレゼント

【1】ビジョンに組み込む「シンプルな5つの基本要素」

（動画ファイル）

【2】本書に掲載したビジョナリー・ワークのシート

（PDFファイル）

著者・鵜川 洋明さんより

提案する相手が価値を感じるようなビジョンの表現には、外せない要素があります。そんな「シンプルな5つの基本要素」をお伝えする動画と本文内に掲載したビジョナリー・ワークのシートなどのPDFを、特別プレゼントとしてご用意しました。プレゼンテーション、商談、企画提案、依頼など、あらゆる場面でご活用ください。

特別プレゼントはこちらから無料ダウンロードできます↓

http://frstp.jp/ukawa

※特別プレゼントはWeb上で公開するものであり、小冊子・DVDなどをお送りするものではありません。
※上記無料プレゼントのご提供は予告なく終了となる場合がございます。あらかじめご了承ください。